H + E Stöckl

Reinrassige Boa constrictor

H + E Stöckl

Reinrassige Boa constrictor

<u>**Umschlaggestaltung unter Verwendung folgender Fotos:**</u>

Umschlagvorderseite:
großformatiges Bild: *Boa c. constrictor*, Verbreitungsgebiet Pokigron/Surinam
kleinformatiges Bild oben: *Boa c. longicauda*
kleinformatiges Bild unten: *Boa c. constrictor*, Verbreitungsgebiet Peru

Umschlagrückseite:
Bild links: *Boa c. imperator*, Verbreitungsgebiet Honduras
Bild rechts: *Boa c. constrictor*, Verbreitungsgebiet Surinam

Die Deutsche Bibliothek – CIP-Einheitsaufnahme

Reinrassige Boa constrictor, **H+E Stöckl**

ISBN 3-980-7368-3-0

Lektorat: Dr. Jeanette Beibl, Dr. Jürgen Schmidt
Satz: Tobias Dold, Samantha Hoyer
Printed in Germany

ISBN 3-980-7368-3-0

Vorwort **7**

Entwicklung der *Boa constrictor* Haltung in Deutschland **8**

Taxonomie und Verbreitung **13**

Die Unterarten von *Boa constrictor* und ihre Variationen **18**

I. Die Imperator-Gruppe **18**

***Boa c. imperator* – Mexiko** **20**
1. Die Tarahumara/Mexiko *Boa c. imperator* 20
2. Die Sonora/Mexiko *Boa c. imperator* 22
3. Die Cancun/Mexiko *Boa c. imperator* 24

***Boa c. imperator* – Belize** **25**
1. Die Belize-Festlandsform von *Boa c. imperator* 26
2. Die Crawl Cay *Boa c. imperator* 28
3. Die Cay Caulker *Boa c. imperator* 30

***Boa c. imperator* – Guatemala** **32**

***Boa c. imperator* – Honduras** **32**
1. Die Festlandsform 33
2. Die Hog Island Boa 34
3. Die Bahia Island Boa 36

***Boa c. imperator* – El Salvador** **40**

***Boa c. imperator* – Nicaragua** **41**
Die Corn Island Boa 42

***Boa c. imperator* – Costa Rica** **44**

***Boa c. imperator* – Panama** **46**

***Boa c. imperator* – Kolumbien** **47**
1. Die Festlandsform 47
2. Die San Andrés-Boa 49

***Boa c. imperator* – Venezuela** **50**

***Boa c. imperator* – Ecuador** **50**

***Boa c. imperator* – Peru** **52**

Boa c. sabogae **54**
Reinrassige *Boa c. sabogae* – Die bewiesene Blutlinie 56

Boa c. ortonii **60**

Boa c. longicauda **62**

Boa c. ortonii = Boa c. longicauda? **65**

Boa c. sigma **68**

II. Die Constrictor-Gruppe **70**

Boa c. constrictor – Surinam, Guyana, Franz. Guyana 72

Boa c. constrictor – Brasilien 75

Boa c. constrictor – Venezuela 78

Boa c. constrictor – Kolumbien 78

Boa c. constrictor – Peru 80

Boa c. constrictor – Ecuador 82

Boa c. constrictor – Bolivien 83

Boa c. constrictor – Trinidad und Tobago 84

Boa c. amarali 86

Boa c. amarali – Bolivien 87

Boa c. amarali – Brasilien 88

Boa c. amarali – Die US-Fehleinschätzung 91

Boa c. occidentalis 94

III. Die Antillen-Gruppe **97**

Boa c. orophias 97

Boa c. nebulosa 98

Boa constrictor – Eine invasive Spezies auf Aruba 100

Mischlingsboas **103**

Designerboas **109**

Die Größe von *Boa constrictor* **113**

Rechtliches **118**

Freilanduntersuchungen an *Boa c. ortonii* **121**

Danksagungen **124**

Glossar **125**

Literaturverzeichnis **126**

Vorwort

Das Jahr 1994 markierte einen Wendepunkt in der Haltung und Zucht von *Boa constrictor* in Europa.

Damals erschien das gleichnamige Buch von Dr. Hubert Bosch und eröffnete dem geneigten Leser, dass wesentlich mehr Vielfalt in dieser populären Riesenschlange steckt als bisher gemeinhin bekannt war.

Da war von Unterarten und Verbreitungsgebieten die Rede – Begriffe, mit denen der durchschnittliche Boa-Halter und -Züchter bisher nicht konfrontiert worden war. Allenfalls wusste man, dass es *Boa c. constrictor* und *Boa c. imperator* gibt. Aber kaum jemand kannte die Unterscheidungsmerkmale der beiden Unterarten.

Es ist der Verdienst von Dr. Bosch, dass der breiten Masse von Liebhabern der Abgottschlangen (so der deutsche Begriff für *Boa constrictor*) nun Wissen zuteil wurde, das vorher fast ausschließlich den Taxonomen vorbehalten war.

Ferner legte Dr. Bosch den Grundstein für eine veränderte Zuchtpolitik bei *Boa constrictor* in der Terraristik. Der Trend zu reinrassigen Abgottschlangen trat von Deutschland aus seinen Siegeszug in ganz Europa an.

Das Buch von Dr. Bosch war es auch, das uns mit dem „Boa-Fieber" infizierte, das uns bis heute nicht mehr losgelassen hat.

Der M&S Verlag hat uns nun die Möglichkeit geboten, die bisher umfangreichste Monografie über reinrassige *Boa constrictor* zu veröffentlichen.

Sie werden in diesem Werk nichts über die Haltung, Pflege und Krankheiten dieser Tiere finden. Wenn Sie solche Literatur suchen, empfehlen wir Ihnen unsere Bücher „Handbuch Riesenschlangen" oder „Ihr Hobby – Riesenschlangen", beide erschienen im bede-Verlag, Ruhmannsfelden.

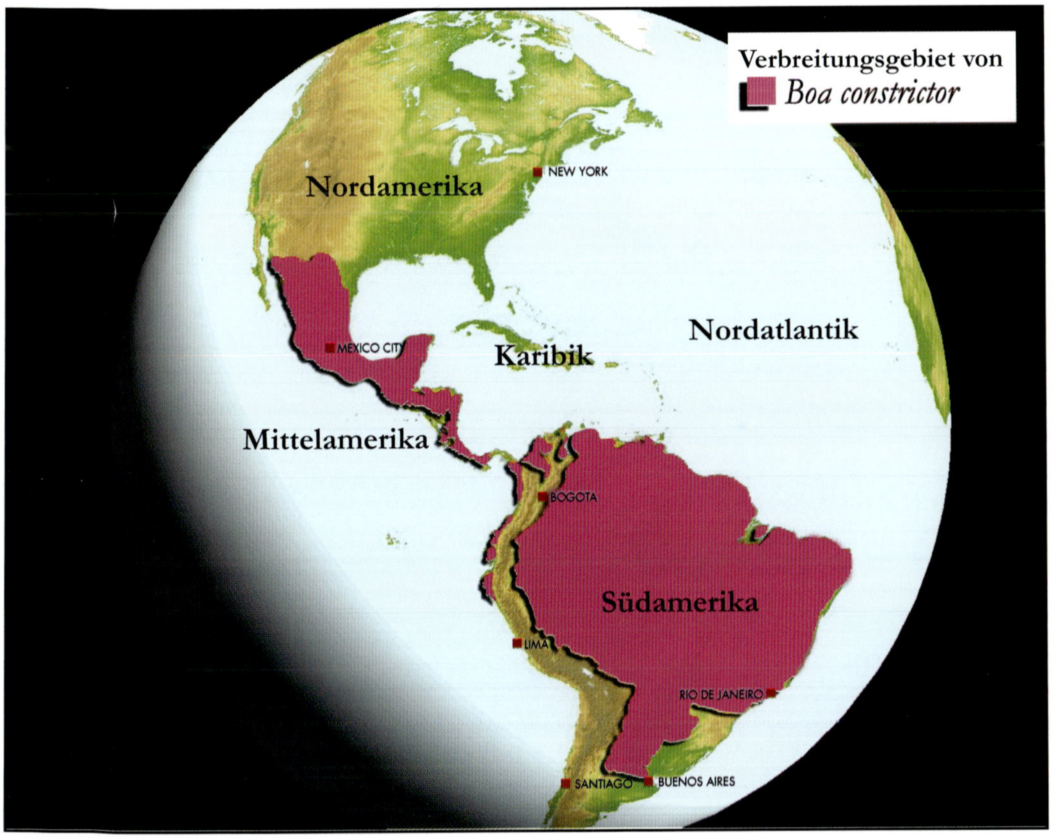

Abb. 1: **Weltkarte**
Karte entnommen der CD ISBN 3-8032-1782-2 © 2006 United Soft Media, München

Abb. 2: Diese *Boa c. constrictor* ist ein Wildfang aus der Region Pokigron in Surinam. Zuchterfolge mit solchen Tieren sollen helfen, der Entnahme aus der Natur ein Ende zu bereiten.

In dem Band **„Reinrassige *Boa constrictor*"** geht es darum, den Leser möglichst umfassend über die verschiedenen Unterarten der Abgottschlange sowie ihre Varietäten in den einzelnen Verbreitungsgebieten zu informieren.

Zu diesem Zweck präsentieren wir auch eine Fülle von Karten, in denen die entsprechenden Verbreitungsareale farblich kenntlich gemacht wurden. Da es diesbezüglich bisher keine systematischen Feldstudien gab, kann eine solche Darstellung die Verbreitungsgebiete nur grob skizzieren.

Wir haben entsprechend dem Zeitgeist (wie ein Züchterkollege so treffend formulierte) eine Einteilung nach Ländern getroffen. Selbstverständlich ist diese nur bedingt gültig, da es sich meist um politische Grenzen handelt, die der Mensch willkürlich gezogen hat und die von Abgottschlangen nicht respektiert werden. Für diese Tiere zählen nur natürliche Hindernisse wie zum Beispiel Gebirgsketten. Die *Boa c. constrictor* in Surinam, die sich einige Kilometer vor der Grenze zu Brasilien in ihrem Laubhaufen verkriecht, sieht also nicht anders aus als ihre brasilianische Schwester jenseits des Schlagbaums.

Andererseits gibt es doch sehr häufig landesspezifische Merkmale bei den Abgottschlangen, so dass eine Einteilung nach Ländern durchaus sinnvoll ist, wenn man sie nicht zu engstirnig sieht.

Ansonsten behandeln wir auch noch andere interessante Themen wie beispielsweise die Entwicklung der Haltung von Abgottschlangen in Deutschland und zerstören den Mythos von der fünfeinhalb Meter langen *Boa constrictor*.

Unser Werk gibt den neuesten Stand der Informationen und Erkenntnisse über *Boa constrictor* wieder. Wir hoffen, Ihnen damit die schönste und faszinierendste Riesenschlange, die Mutter Natur hervorgebracht hat, ein wenig näher zu bringen.

Die Entwicklung der *Boa constrictor* Haltung in Deutschland

In diesem Kapitel wollen wir Sie nicht nur über die Entwicklung der Haltung von *Boa constrictor* in Deutschland informieren, sondern auch einige Hintergründe dazu vermitteln. Dabei gehen wir auch auf das Problem des Schmuggels von exotischen Tieren ein.

Doch zunächst einmal ein Rückblick auf die Anfänge der Terraristik in Deutschland.

Egal, welche unserer Quellen wir nach einer kompetenten Auskunftsperson zu diesem Thema befragten, überall fiel der Name Peter Hoch.

Dieser Veteran in der Haltung von Abgottschlangen ist Inhaber eines zoologischen Großhandels in Waldkirch im Breisgau und seit seinem zwölften Lebensjahr vom „Schlangenvirus“ infiziert. Schon Anfang der 60er Jahre pflegte er sein erstes Reptil und machte später sein Hobby zum Beruf. Die Firma Hoch war lange Zeit einer der bedeutendsten Importeure von der Natur entnommenen *Boa constrictor*.

Aufgrund dieses Lebenslaufes besitzt Peter Hoch einen guten Überblick über die Entwicklung der Haltung von Abgottschlangen im Nachkriegsdeutschland und gab uns bereitwillig Auskunft.

Es war Ende der 50er Jahre, als sich im Zeichen des wirtschaftlichen Aufschwungs die Menschen in Deutschland wieder darauf besinnen konnten, dass es außer der Arbeit auch noch etwas anderes gibt. Urlaub, Freizeit und Hobbys waren wieder ein Thema.

Damals wurde der Grundstein für die Terraristik, wie wir sie heute kennen, gelegt. Der Export von Riesenschlangen erfolgte – man lese und staune – ausschließlich über die Großhändler von exotischen Ziervögeln. O-Ton Peter Hoch: „Überall da, wo Vögel hergekommen sind, da kamen auch Schlangen.“

Es gab also damals noch keine Reptilienhändler oder gar Zuchtfarmen für Riesenschlangen in den Verbreitungsgebieten. Zusammen mit den der Natur entnommenen exotischen Vögeln traten *Boa constrictor* und andere Riesenschlangen die Reise in das damalige Wirtschaftswunderland Deutschland an. Übrigens stellten die Abgottschlangen damals den überwiegenden Teil der in Deutschland gehaltenen Riesenschlangen dar.

Das Hauptexportland für *Boa constrictor* in den 60er und 70er Jahren war Kolumbien. Imperator Boas aus diesem Land wurden in großer Zahl (allein im Jahr 1971 waren es 27.727 Exemplare!) in die USA und nach Europa ausgeführt.

Ende der 70er Jahre traf die kolumbianische Regierung als eines der ersten Länder Mittel- und Südamerikas Maßnahmen zum Schutz der bedrohten heimischen Arten und stoppte den Export.

Abb. 3 (oben): Kolumbianische *Boa c. constrictor* aus einer deutschen Nachzucht. Die Vorfahren des abgebildeten Tieres wurden in den 70er Jahren aus Kolumbien in die DDR gebracht und dort glücklicherweise reinrassig weiter gezüchtet.

Foto: Bettina Petridis

Abb. 4 (unten): Die Eltern dieser Guyana-Rotschwanzboa wurden von Peter Hoch importiert. Schon seit den 70er Jahren ist er einer der führenden Reptiliengroßhändler in Deutschland.

Foto: H + E Stöckl

Weitere Ausfuhrländer waren vor allem Honduras, Nicaragua, Costa Rica und Guyana.

Interessanterweise wurden aus zwei sehr bedeutenden „*Boa constrictor*-Ländern“, nämlich Brasilien und Mexiko so gut wie keine Abgottschlangen nach Deutschland eingeführt.

Dies galt auch schon für die Zeit vor dem Inkrafttreten des Washingtoner Artenschutzübereinkommens (**C**onvention on **I**nternational **T**rade in **E**ndangered **S**pecies of Wild Fauna and Flora – **CITES**) in Deutschland im Jahr 1976.

Abgottschlangen aus den Verbreitungsgebieten Brasilien und Mexiko, die nach Deutschland kamen, wurden bis auf wenige Ausnahmen entweder vor dem Inkrafttreten des CITES-Abkommens eingeführt, waren geschmuggelt oder stammten aus den USA.

Die Vereinigten Staaten waren damals schon (und sind es auch heute noch) eines der wichtigsten Ausfuhrländer für *Boa constrictor*, obwohl diese Tiere dort nicht vorkommen.

Wie kommt das? Ganz einfach: Die Reptilienhändler im Land der unbegrenzten Möglichkeiten befinden sich wesentlich näher an der „Quelle“, also an den Verbreitungsgebieten der Abgottschlangen in Mittel- und Südamerika. Deshalb ist es für sie einfacher, sich *Boa constrictor* aus den betreffenden Ländern zu beschaffen. Das dürfte auch für jene Staaten in Mittel- und Südamerika gelten, die keinen Export von bedrohten wildlebenden Arten erlauben.

Dass es in den Vereinigten Staaten beim „Import“ von Reptilien aus deren Herkunftsländern oft nicht mit rechten Dingen zuging, zeigen die beiden Ver-

Abb. 5: Sierra Tarahumara liegt im Norden des Bundesstaates Chihuahua, Mexiko. Von dort kommt auch diese seltene und klein bleibende Kaiserboa. Derzeit gibt es in Europa nur vier Exemplare davon.

Foto: H + E Stöckl

urteilungen von Tom C. aus Lake Panasoffkee/Florida zu jeweils mehrjährigen Freiheitsstrafen.

Tom C., in den 80er und 90er Jahren der wohl größte und bekannteste Reptilienimporteur in den USA, bekannte sich schuldig, eine große Anzahl geschützter Reptilien ins Land geschmuggelt zu haben.

Auch der ebenfalls in Florida lebende Mike N., der in Umsatz und Bekanntheitsgrad, was den Reptilienhandel betraf, Tom C. durchaus das Wasser reichen konnte, atmete wegen gleichartiger Delikte eine zeitlang gesiebte Luft.

Welches Ausmaß der illegale Handel mit solchen Tieren in den USA angenommen hatte, zeigt die Tatsache, dass eine Sonderkommission des U.S. Fish- and Wildlife Service gebildet wurde, die fünf Jahre lang unter dem Decknamen „Operation Chamäleon" ermittelte, bevor sie zuschlug.

Der U.S. Fish- and Wildlife Service ist das Äquivalent zum deutschen Bundesamt für Naturschutz. Die amerikanische Behörde ist allerdings zusätzlich noch mit Polizeibefugnissen und entsprechendem Personal ausgestattet. Wie in den USA üblich, laufen die Fish- and Wildlife Inspektoren sogar mit einer Schusswaffe am Gürtel herum.

In den 80er Jahren und Anfang der 90er Jahre kam es auch hierzulande vor, dass diverse Abgottschlangen im Koffer eines Südamerikatouristen ihren Weg nach Deutschland antraten. In den meisten Fällen stand hier jedoch nicht Gewinnerzielungsabsicht im Vordergrund, sondern Liebhaberei. Entschuldbar ist solch eine Vorgehensweise trotzdem nicht.

Mit den zunehmend schärferen Kontrollen an den Flughäfen (dort werden Terroristen gesucht und manchmal stattdessen Reptilien gefunden) reduzierte sich dieses Problem dann.

Abb. 6: Die Abgottschlangen aus Surinam und den Guyanas haben von allen *Boa c. constrictor* den meisten Rotanteil im Schwanzbereich, wie bei diesem Wildfang Männchen schön zu sehen ist.

Foto: H + E Stöckl

Seit dem 11. September 2001 ist der Transport von geschmuggelten Schlangen mit dem Flugzeug ohnehin nur noch etwas für Obdachlose, die gerne über Weihnachten ein Bett und eine warme Mahlzeit auf Staatskosten hätten.

Doch genug der Schmuggelei. Kehren wir wieder zum eigentlichen Thema dieses Kapitels zurück.

Wer über die Entwicklung der *Boa constrictor* Haltung in Deutschland berichtet, sollte auch eine Statistik über die Einfuhr von Wildfängen präsentieren – dachten wir uns.

Um Sie nicht mit einer Vielzahl von Tabellen zu langweilen, aber doch einen kleinen Überblick zu bieten, welche Zahlen im Raum stehen, haben wir uns auf die Einfuhr von Wildfang-*Boa c. constrictor* im Zeitraum von 1996 bis 2004 beschränkt.

Jahr	Ursprungsland	Anzahl
2004	Guyana	321
2004	Surinam	64
2003	Surinam	86
2003	Guyana	140
2002	Guyana	85
2002	Surinam	76
2001	Guyana	125
2000	Guyana	61
1999	Guyana	6
1997	Guyana	60
1996	Guyana	73
1996	Surinam	8

Abb. 7: Dieses Rotschwanzboa-Baby hat in einer Zuchtfarm in Surinam das Licht der Welt erblickt und wurde dann nach Deutschland exportiert. Bei solchen Tieren kann man sicher sein, dass sie reinrassig sind. Leider sind aber Farmnachzuchten empfindlicher als *Boa c. constrictor*-Babys, die hierzulande geboren werden. Foto: H + E Stöckl

Die Zahlen stammen aus der CITES-Datenbank des Bundesamtes für Naturschutz.

Das sind also 1105 Exemplare im Zeitraum von neun Jahren. Übrigens sind Surinam und Guyana die einzigen Länder, die noch den Export von der Natur entnommenen *Boa constrictor* erlauben.

Wer allerdings jetzt meint, dass angesichts von 1105 Exemplaren im Zeitraum von neun Jahren eine „Rotschwanzboa-Schwemme“ in Deutschland herrscht oder irgendwann geherrscht habe, der irrt sich.

Wir wagen die Behauptung, dass von zehn importierten Rotschwanzboas nach fünf Jahren nur noch höchstens eine lebt. Jeder, der mit der Wildfang-Problematik vertraut ist, wird uns da beipflichten. Selbst erfahrene Riesenschlangenhalter haben es schwer, solche Tiere durchzubekommen.

Viele dieser Schlangen landen jedoch bei Anfängern, die erst erkennen, dass die Boa krank ist, wenn sie mit dem Bauch nach oben im Terrarium liegt.

Zudem sind reinrassige Surinam- oder Guyana-Rotschwanzboas extrem schwer zu vermehren. Es hat schon Jahre gegeben, in denen in Mitteleuropa nicht ein einziger Wurf solcher Tiere geboren wurde. Auch uns gelingt die Nachzucht nicht regelmäßig.

Zur weiteren Verknappung trägt zudem bei, dass von den Jungtieren reinrassiger Rotschwanzboas nicht wenige am Regurgitationssyndrom (= wiederholtes Auswürgen der Futtertiere) sterben, weil die Käufer beim Erwerb des Schlangenbabys hinsichtlich der Fütterung mangelhaft oder gar nicht beraten wurden.

Wenn von der Zucht reinrassiger Surinam-Rotschwanzboas die Rede ist, muss Walter Staiger aus Bad Wildbad in Baden-Württemberg erwähnt werden. Er schaffte das Kunststück, mit nur einem Pärchen reinrassiger *Boa c. constrictor* aus Surinam/den Guyanas ab 1993 innerhalb von 4 Jahren dreimal nachzuziehen.

Die 90er Jahre waren es auch, die der bis dahin gemächlich dahin dümpelnden Terraristik einen noch nie gekannten Boom bescherten, der bis heute anhält.

Die Haltung von Riesenschlangen und anderen Exoten hat sich ihren festen Platz in der Heimtierhaltung in Deutschland und anderswo erobert. Nicht zuletzt durch das Internet fand eine breite Masse der Menschen Zugang zu der faszinierenden Welt der Reptilien und damit auch zu den Abgottschlangen. Was vorher noch einer eher kleinen Gruppe von Liebhabern vorbehalten war, ist nun schon fast so selbstverständlich wie die Haltung von Hunden oder Katzen.

In Großbritannien drohen die Exoten mittlerweile den Hund von Platz 2 der Hitliste der beliebtesten Haustiere zu verdrängen, was der Illustrierten Stern einen ausführlichen Bericht wert war (Heft 25/2005).

Leider birgt das Internet auch die Gefahr der Verbreitung von Fehlinformationen in sich. Auf manchen Websites über *Boa constrictor* und in diversen Internetforen wird nicht wenig Unsinn verzapft, aber das ist wieder ein anderes Thema…

Wie wir schon in der Einleitung zu diesem Band geschrieben haben, markierte das 1994 erschienene Buch **„Boa constrictor“** von Dr. Hubert Bosch einen Wendepunkt in der Haltung und Zucht von Abgottschlangen. War vorher die Zucht reinrassiger *Boa constrictor*-Unterarten noch eine absolute Ausnahme, so geht seitdem der Trend eindeutig weg von den Mischlingsboas hin zur Zucht und Haltung reinrassiger *Boa constrictor* Unterarten. Zum leidigen Thema der Mischlingsboas kommen wir später noch ausführlich. Jetzt wird der Inhalt erst einmal ein klein wenig wissenschaftlich.

Taxonomie und Verbreitung

An dieser Stelle möchten wir Ihnen zum besseren Verständnis dessen, was später noch folgt einen Überblick über die taxonomische Einordnung der Abgottschlangen geben. (Holen Sie sich zuerst ein Glas Wasser, denn jetzt wird die Leserei etwas trocken).

Die Lehre von der Klassifikation der Organismen wird als Taxonomie bezeichnet und leitet sich vom Wort „Taxon“ (Gruppe) ab.

Die entsprechende Gliederung erfolgt in hierarchischen Stufen (Reich, Unterreich, Abteilung, Stamm, Klasse, Ordnung, Unterordnung, Familie, Unterfamilie, Gattung und Art). Bei *Boa constrictor* sieht die biologische Systematik so aus:

Animalia (Tiere)
Metazoa (mehrzellige Tierstämme)
Eumetazoa (Gewebetiere)
Chordata (Chordatiere)
Vertebrata (Wirbeltiere)
Reptilia (Reptilien)
Squamata (Schuppenkriechtiere)
Serpentes (Schlangen)
Boidae (Riesenschlangen)
Boinae (Boaschlangen)
Boa (Abgottschlange)
Boa constrictor

Abb. 8: Die „Copper Phase“ ist eine der seltensten Farbformen bei den Hog Island-Boas. Das abgebildete Tier ist eine F1-Nachzucht und eine der ersten Hog Island Boas, die in Deutschland zur Welt kam.

Foto: H + E Stöckl

Dann kommen noch die Unterarten (*Boa c. imperator, Boa c. amarali* usw.) und zum Schluss die Varietäten, also die unterschiedlichen Formen einer Unterart.

Da es für jeden, der sich ernsthaft mit der Haltung und Zucht von reinrassigen Abgottschlangen befasst, wichtig ist, worum es bei den Begriffen „Unterart" und „Varietät" geht, wollen wir das an dieser Stelle näher erläutern.

Das Verbreitungsgebiet von *Boa constrictor* erstreckt sich vom Norden Mexikos (Bundesstaat Sonora) über ganz Mittel- und große Teile Südamerikas bis nach Argentinien. Die südlichste Grenze dürfte etwa der 35. Breitengrad darstellen.

Zudem gibt es noch mehrere Inselformen der Abgottschlange in den Gewässern vor Mexiko, Belize, Honduras, Panama, Nicaragua, Venezuela und auf den Kleinen Antillen.

Alles in allem umfasst das *Boa constrictor*-Verbreitungsgebiet eine Fläche von etwa 16 Millionen km².

Angesichts dieses riesigen Areals liegt es auf der Hand, dass diese Art in der Gesamtheit ihrer Verbreitung höchst unterschiedlichen Klimabedingungen ausgesetzt ist, sich die einzelnen Habitate (Lebensräume) grundlegend voneinander unterscheiden und auch die Nahrung – je nach Region – variiert.

Die Anpassung an örtliche Gegebenheiten führte dazu, dass sich die Art *Boa constrictor* je nach Region unterschiedlich entwickelte. Optisch tritt das sowohl in der Größe, Färbung, Körperform und Musterung als auch in der Anzahl der Schuppen dieser Schlangen zu Tage.

Für solche Fälle hält die Zoologie die Einteilung in Unterarten bereit. Die entsprechende Art (Spezies) wird also

Abb. 9: Die Abgottschlangen von Trinidad stellen eine Besonderheit dar. Sie sind die einzige Inselform von *Boa c. constrictor.*

Foto: H + E Stöckl

Abb. 13:
<u>Mittelamerika</u>
Karte
University of
Texas Libraries

Wir kennen einige Halter von Abgottschlangen, die sich auf *Boa c. imperator* beschränken, weil diese Tiere pflegeleichter und robuster sind als bei spielsweise *Boa c. constrictor, Boa c. amarali* oder *Boa c. occidentalis.*

Bei der enormen Variabilität der Kaiserboas ist für jeden Geschmack etwas dabei. Seien es die Hog Island Boas für die Liebhaber heller Tiere oder die Tiere aus Sonora/Mexiko für jene, die mehr auf dunkel gefärbte Abgottschlangen stehen. Liebhaber klein bleibender Riesenschlangen werden bei den Imperatorboas ebenso fündig wie jene, die es etwas größer mögen.

In diesem Kapitel, dem ausführlichsten des Buches, wollen wir Ihnen die verschiedenen Varietäten der Imperatorboas vorstellen. Beginnen wir im äußersten Norden des Verbreitungsgebietes, in Mexiko.

Dorsale Schuppenreihe (= Dorsalia)	**61–79** **56–76**	(BOULENGER 1893) (LANGHAMMER 1983)
Bauchschilde (= Ventralia)	**225–252** **235–253**	(BOULENGER 1893) (STULL 1932)
Schwanzschilde (= Subcaudalia)	**47–65**	(BOULENGER 1893)
Anzahl Sattelflecken	**22–30**	(LANGHAMMER 1983)
Ausdehnung der Hemipenes in Subcaudalia	**23**	(PRICE & RUSSO 1991)

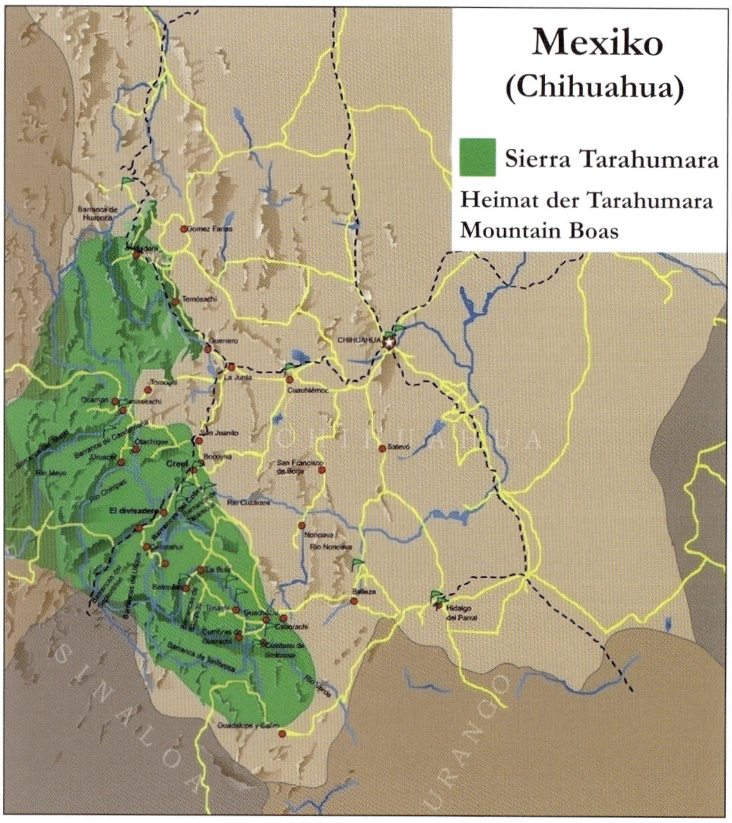

Abb. 14: Mexiko

Boa c. imperator – Mexiko

Mexiko bietet den dort lebenden Kaiserboas eine Vielzahl unterschiedlicher Habitate, als da sind trockenes Buschland im Norden, sumpfige Mangrovenwälder im Küstengebiet und tropische und subtropische Wälder.

Mexiko ist eines der gebirgigsten Länder der Erde. So ist es auch nicht verwunderlich, dass die dort lebenden Abgottschlangen teilweise noch in Höhenlagen von 1500 m über dem Meeresspiegel vorkommen.

Dieses Land am nördlichsten Rand der Tropen kann in drei Klimazonen aufgeteilt werden. Die heiße Zone (Tierra Caliente) beginnt an den Küsten und reicht bis auf eine Höhe von 800 m ü. NN. Dort beginnt die gemäßigte Zone (Tierra Templada), die bis zu einer Höhe von etwa 1700 m reicht. Oberhalb davon ist man dann in der Tierra Fría, der kühlen Zone.

Aufgrund der Vielzahl von Habitaten ist es nicht verwunderlich, dass sich auch die dort lebenden *Boa c. imperator* unterschiedlich entwickelt haben. Es gibt helle und dunkle, zwergenhafte und etwas größere, sehr schlanke, aber auch stämmige Formen. Wir wollen uns jetzt die einzelnen Varietäten etwas näher ansehen.

1. Die Tarahumara/Mexiko *Boa c. imperator*

Sierra Tarahumara liegt im Westen des Bundesstaates Chihuahua, Mexiko. Dieses riesige Areal von hohen Bergen, bewaldeten Plateaus und tief erodierten Canyons wird manchmal auch als „Western Mother Mountains" bezeichnet. Hoch über dem harten Wüstenboden, bei etwa 1350 m über dem Meeresspiegel befinden sich die Ponderosa-Pinienwälder. Von dort stammen die „Tarahumara-Zwergboas" (*Boa c. imperator*).

Die Kopfzeichnung dieser Tiere, die je nach Lichteinfall eine kaffeebraune oder dunkelgraue Grundfärbung haben, erinnert stark an *Boa c. longicauda*. Damit ist aber die Ähnlichkeit auch schon erschöpft, denn sonst haben die Tarahumara-Boas mit den Tieren aus der Provinz Tumbes/Peru nichts gemeinsam.

Am ehesten kann noch eine Ähnlichkeit mit den *Boa c. imperator* aus dem Nachbarstaat Sonora/Mexiko festgestellt werden.

Ein Forscher der Arizona State University in den USA brachte Anfang der 90er Jahre ein Pärchen dieser Boas von einer Expedition in die „Western Mother Mountains" mit. Die Tiere kamen in private Hände zu einem Schlangenhalter aus Arizona, der sie kurze Zeit später nachzüchtete. Dieser erste Nachzuchterfolg erbrachte leider nur ein einzelnes Männchen.

In der Zuchtsaison 1998/99 paarten sich die Tiere erneut. Im Sommer 1999 wurden zehn Jungtiere geboren. Der amerikanische Züchter August ("Gus") Rentfro aus Brownsville/Texas erwarb Anfang 2001 ein Männchen und ein Weibchen dieser Boas.

Im Jahr 2002 waren die inzwischen drei Jahre alten Tarahumara Boas von Gus Rentfro zu einer Länge von 95 cm herangewachsen und bekamen am 03.07.2002 erstmals Junge (neun Stück). Am selben Tag war auch der Züchter Graham Criglow aus Bryan, Texas erfolgreich. Sein Tarahumara-Boa-Weibchen brachte zehn Junge zur Welt.

Bei diesen Tieren kann getrost davon ausgegangen werden, dass es sich um eine sehr klein bleibende Variante von *Boa c. imperator* handelt, denn es ist äußerst ungewöhnlich, dass ein *Boa constrictor*-Weibchen mit einer Länge von unter einem Meter neun gesunde Junge zur Welt bringt. August Rentfro berichtet, dass nach seiner Erfahrung andere Kaiserboas bei gleicher Fütterung im selben Zeitraum eine Länge von 150 cm und mehr erreicht hätten.

Abb. 15: Die Färbung einer Abgottschlange hängt sehr stark von der Beleuchtung ab. Während die *Boa c. imperator* aus Tarahumara in Mexiko im Terrarium eher dunkelgrau aussehen, zeigen sie im Sonnenlicht erstaunliche Farben. (Vgl. Abb. 17) Foto: H + E Stöckl

Wir haben von August Rentfros 2002er Nachzuchten mehrere Tiere erworben und können dies nur bestätigen. Obwohl unsere Tarahumara-Boas mittlerweile schon fünf Jahre alt sind und nicht unterdurchschnittlich gefüttert wurden, haben sie noch nicht einmal die Meter-Marke erreicht. Haben wir es hier mit den kleinsten Vertretern der Spezies *Boa constrictor* zu tun? Die nächsten Jahre werden es zeigen.

Die Tiere von August Rentfro und Graham Criglow sind übrigens die einzigen Tarahumara-Boas von denen bekannt ist, dass sie reinrassig gehalten und gezüchtet wurden.

Abb. 16: Interessant ist auch die Bauchfärbung der Tarahumara-Boas. Gelb-orange Bäuche finden sich nicht häufig bei Abgott-schlangen.

Abb. 17: Die Färbung einer Abgottschlange hängt sehr stark von der Beleuchtung ab. Während die *Boa c. imperator* aus Tarahumara/Mexiko im Terrarium eher dunkelgrau aussehen, zeigen sie im Sonnenlicht erstaunliche Farben. (Vgl. Abb. 15) Fotos: H + E Stöckl

2. Die Sonora/Mexiko *Boa c. imperator* (so genannte „Dunkle Mexiko-Boa")

Wie der Trivialname schon andeutet, besitzen diese Schlangen eine eher dunkle Grundfärbung. Es handelt sich um eine klein bleibende Form (Weibchen ca. 150–160 cm) mit einem sehr kräftigen, gedrungenen Körperbau und einer häufig schmetterlingsförmigen Sattelfleckenzeichnung. Die Sonora-Boas haben in der Grundtendenz ein leicht reizbares Wesen, obwohl es auch sehr friedliche Exemplare gibt.

Wie wir bereits am Anfang dieses Buches ausgeführt haben, wurden kaum *Boa constrictor* aus Mexiko importiert.

Einmal kam jedoch ein größerer Posten ins Land, als ein Frankfurter Zoohändler Mitte der 70er Jahre (wahrscheinlich noch vor Inkrafttreten des Washingtoner Artenschutzübereinkommens) adulte *Boa c. imperator* aus der Region Sonora im Norden Mexikos nach Deutschland einführte. Bernhard Gudrich aus Dreieich bei Frankfurt, damals eine bekannte Größe in der Riesenschlangenhalterszene Deutschlands, erwarb 1976 einige dieser Tiere.

Mit der ersten Nachzucht von dunklen Mexiko-Boas am 12.06.79 leistet Gudrich Pionierarbeit in Sachen Zucht von reinrassigen *Boa c. imperator*.

Wie er uns übrigens mitteilte, hatte er damals nicht bewusst darauf geachtet, diese Tiere reinrassig zu erhalten. Dass er sie nicht mit anderen *Boa constrictor* gekreuzt hatte, war allein dem Umstand zu verdanken, dass er von dieser Sorte mehrere Exemplare erworben hatte und er der Meinung war, dass diese farblich sehr gut zusammenpassen würden.

Es kann davon ausgegangen werden, dass es sich bei den meisten der in Deutschland und den Nachbarländern gehaltenen dunklen Mexiko-Boas um Nachfahren aus der Zucht von Bernhard Gudrich handelt. Diese Tiere sind

zweifellos die bekannteste und in der Terrarienhaltung am häufigsten vertretene Form der Mexikanischen *Boa c. imperator*.
Allerdings: Wie groß die Chancen sind, dass im Verlauf der letzten 28 Jahre diese Varietät tatsächlich reinrassig erhalten und nichts „reingemischt“ wurde, kann sich jeder selbst ausrechnen. Es wird wohl nur wenige Züchter dieser Tiere geben, bei denen dies gewährleistet ist.

Einer davon ist Hansjörg Winner aus Waldkirch in Baden-Württemberg.

Er stolperte übrigens bei der Zucht seiner Sonora-Boas noch über eine Besonderheit. Einige der Tiere besitzen die genetische Veranlagung für eine abweichende Zeichnung. Diese erinnert an die Musterung der Leoparden. So war auch schnell ein Name für diese Tiere gefunden: Leopardboas. Ob diese Sonderform auch in der Wildnis vorkommt ist nicht bekannt, darf aber bezweifelt werden.

Es bleibt noch zu erwähnen, dass die dunkle Variante der Mexikanischen Imperatorboa auch im Süden des Landes im Bundesstaat Chiapas vorkommt. Der Schweizer Züchter Andreas Birchmeier brachte Anfang der 70er Jahre von einem Aufenthalt in Chiapas mehrere dunkle *Boa c. imperator* mit. Diese Tiere waren von Sonora-Boas nicht zu unterscheiden. Daher ist die Annahme, dass die dunklen Imperatoren im Norden Mexikos zu finden sind und die hellen in der Mitte und im Süden, unzutreffend.

Es gibt auch noch die Meinung, dass die dunkle Variante auf der Pazifikseite Mexikos vorkommt und die helle auf der Atlantikseite (Ostküste). Diese Ansicht verträgt sich jedoch nicht mit der Tatsache, dass die Abgottschlangen von den Tres Marias Inseln, die 70 km vor der Mexikanischen Küste im Pazifik liegen, optisch nicht von den hellen Mexiko-Boas zu unterscheiden sind. Mehr dazu im Kapitel über *Boa c. sigma*.

Es bleibt nicht nur die Frage offen, wo die Trennlinie in der Verbreitung der hellen und der dunklen Mexiko-Boas verläuft, sondern auch ob Übergangsformen existieren. Um hier Klarheit zu schaffen, wären umfangreiche Feldstudien erforderlich, die es wahrscheinlich nie geben wird.

Abb. 18 (oben): Die dunkle Variante der mexikanischen *Boa c. imperator* kommt hauptsächlich im Bundesstaat Sonora vor, aber auch in Chiapas werden solche Exemplare gefunden. Viele dieser Tiere besitzen eine schmetterlingsförmige Sattelfleckenzeichnung.

Foto: H + E Stöckl

Abb. 19 (unten): Es hat sich gezeigt, dass einige der in Deutschland gehaltenen reinrassigen *Boa c. imperator* aus der Region Sonora/Mexiko die genetische Veranlagung zu einer Fehlzeichnung aufweisen. Der Züchter Hansjörg Winner, der auf diese Anomalie gestoßen ist und erstmals im Jahr 1995 solche Tiere nachgezogen hatte, gab ihnen den treffenden Namen „Leopardboas“.

Foto: Hansjörg Winner

3. Die Cancun/Mexiko *Boa c. imperator* (so genannte „Helle Mexiko-Boa“)

Cancun liegt auf der Halbinsel Yucatan zwischen dem Golf von Mexiko und dem Karibischen Meer.

Die Imperatorboas dort unterscheiden sich erheblich von ihren Verwandten im Norden Mexikos und in Chiapas. Man könnte sagen, sie sind fast in jeder Hinsicht das Gegenteil davon.

Die Tiere von der Halbinsel Yucatan fallen durch ihre hellbraune Färbung und den schlanken Körperbau auf. Auch werden sie ein gutes Stück länger als die Boas im Norden des Landes, bleiben jedoch ebenfalls unter zwei Meter lang. Als Jungtiere mögen sie vielleicht noch das eine oder andere Mal nach Herrchen/Frauchen schnappen, jedoch gibt sich das meist schon nach kurzer Zeit. Später hat man dann eine friedliche und sehr unternehmungslustige Schlange, die sich auch besonders durch ihre Bewegungsfreudigkeit von den dunklen Mexiko-Boas unterscheidet.

Leider sind reinrassige Cancun-Boas in Deutschland kaum zu bekommen. Nicht selten handelt es sich bei den angebotenen Tieren um Cancun/Sonora-Mischlinge, deren Vorfahren in der Vergangenheit nach dem Motto: „Mexiko ist Mexiko“ erzeugt wurden.

Soweit uns bekannt ist, stammt die einzige Blutlinie von unverfälschten Cancun-Boas in Deutschland von Hansjörg Winner. Er hatte seine Tiere von einem bekannten Großhändler erworben, dem sie im Jahr 1990 von einem Institut in Mexiko City überlassen worden waren. Die erste Nachzucht gelang Winner 1995.

Ansonsten wird diese Varietät nur noch in den USA gehalten und gezüchtet. Der Texaner August Rentfro ist der bekannteste Züchter dieser Tiere dort.

Es ist davon auszugehen, dass sich die Verbreitung der Hellen Mexiko-Boa nicht auf Cancun beschränkt. Vermutlich kommt sie auf der gesamten Halbinsel Yucatan und am Isthmus von Mexiko vor. Auch in der Gegend von Vera Cruz weiter nördlich sollen solche Tiere schon gefunden worden sein. Wie bereits erwähnt, unterscheiden sich die Abgottschlangen von den Tres Marias-Inseln an der Pazifikküste Mexikos nicht von der hellen Variante der Mexiko-Boa. Das legt die Vermutung nahe, dass auch die *Boa c. imperator* im Bundesstaat Nayarit, der weiter nordwestlich liegt, der hellen Variante zuzuordnen sind.

Abb. 20: Die Helle Mexiko-Boa unterscheidet sich nicht nur in der Färbung von den Imperatoren aus den Bundesstaaten Sonora und Chiapas, sondern auch im Körperbau. Sie wird länger und bleibt wesentlich schlanker als die dunkle Variante.

Foto: H + E Stöckl

Boa c. imperator – Belize

Die Republik Belize liegt an der Karibikküste, im Südosten der Halbinsel Yucatan. Es handelt sich um das einzige englischsprachige Land Mittelamerikas. Die Nachbarstaaten sind im Norden Mexiko und im Westen Guatemala.

Die Vegetation besteht überwiegend aus tropischem Regenwald, vereinzelten Kiefersavannen und Sumpfland. Fast die gesamte Küste ist von Mangroven bewachsen. 40 % der Landesfläche wurden von den Behörden als Naturschutzgebiet ausgewiesen.

Belize besitzt ein subtropisches Klima, mit einer fast ganzjährig hohen Luftfeuchtigkeit und oft sehr hohen Temperaturen. Im Landesinneren können Spitzenwerte von 38 °C erreicht werden.

Die Trockenzeit dauert von Januar bis Mai, die Regenzeit von Mai bis Dezember. Letztere ist von meist kurzen aber sehr starken Niederschlägen geprägt. Von September bis Oktober ist die Hurrikansaison. Glücklicherweise wird Belize nur alle paar Jahre von einem schweren Hurrikan heimgesucht.

Dieser Staat bietet drei verschiedenen Variationen von Kaiserboas einen Lebensraum. Es sind dies die Belize Festlandsform, sowie die Crawl Cay *Boa c. imperator* und die Cay Caulker *Boa c. imperator*. Die beiden letztgenannten stammen von Inseln, die dem Festland von Belize vorgelagert sind.

Abb. 21: **Belize**
Karte entnommen der CD ISBN 3-8032-1782-2 © 2006 United Soft Media, München

Abb. 22: Leider war dieses Exemplar einer Belize Festlandsboa ziemlich fotoscheu und erlaubte dem Fotografen nur einen Schnappschuss der Unterseite ihres edlen Körpers. Die Aufnahme wurde am Siburn Fluss, etwa 8 km von der Küste entfernt im Landesinneren von Belize gefertigt. Foto: Goeffrey Schultz

1. Die Belize-Festlandsform von *Boa c. imperator*

Kaiserboas vom Festland Belizes sind in der Terrarienhaltung weitgehend unbekannt. Das gilt nicht nur für Europa, sondern auch für die USA, wie uns ein bekannter Züchter jenseits des großen Teiches erst kürzlich bestätigte.

Zufälligerweise haben nur die beiden Inselformen von Belize Eingang in die Terraristik gefunden. Doch zu denen kommen wir später, denn jetzt geht es um die Festlandsform.

Nach Angaben des Belize Zoos sind die *Boa c. imperator* (in Belize „wowla" genannt) über das ganze Staatsgebiet verbreitet und ernähren sich von Vögeln, Nagetieren und Echsen. Diese Angaben ziehen wir nicht in Zweifel. Die weiteren Ausführungen jedoch, dass die Belize-Boa bis zu 3,6 m lang werden kann, gehören unserer Meinung nach in das Reich der Fabeln.

Ein Bericht von „National Geographic channel" im Internet, der sich ebenfalls mit Belize-Boas befasst, übernimmt diese Längenangabe und offeriert dazu noch ein Gewicht von „mehr als 20 Pfund".

Wohlgemerkt: Hier ist vom amerikanischen Pfund (pounds, lbs) die Rede, das mit 453 g etwas magerer ausfällt als das deutsche Äquivalent.

Umgerechnet ergeben 20 US-Pfund etwa 9 kg. Hierzu ist zu sagen, dass eine *Boa constrictor* von 3 m Länge normalerweise um die 20 kg wiegt. Das allein zeigt schon, was von den Angaben hinsichtlich Größe und Gewicht zu halten ist.

Abb. 23: Dem Amerikanischen Hobby Herpetologen Wayne Howell gelang dieser Schnappschuss einer Belize Festlands *Boa c. imperator*. Das Tier kroch ihm im Cayo Distrikt am Macal Fluß in San Ignacio/ Belize vor das Objektiv. Foto: Wayne Howell

Die Längenangabe passt ohnehin nicht ins Bild: Alle *Boa c. imperator* in Mittelamerika sind eher klein bleibend oder allenfalls mittelgroß, d.h. sie knacken kaum die 2 m-Marke. Erst im südlichsten Teil des Verbreitungsgebietes (Kolumbien, Peru und Venezuela) kommen große Kaiserboas vor. Warum sollten also ausgerechnet die Imperatoren in Belize eine solche Länge erreichen?

Unbestritten ist jedoch, dass sie größer werden als ihre Verwandten auf den Barrier Inseln und den Korallenatollen der Karibischen See vor der Küste von Belize.

Scott Boback, PhD, promovierter Herpetologe der Auburn Universtität in Alabama/USA fand bei Feldstudien auf der Insel Crawl Cay und dem Festland von Belize heraus, dass die Inselboas fast ausschließlich auf den Verzehr von Vögeln angewiesen sind, während sich die Vertreter der Festlandsform auch an Kleinsäugern und Leguanen gütlich tun können. Alles deutet darauf hin, dass der Größenunterschied zwischen der Festlands- und der Inselform nicht genetisch bedingt ist, sondern hauptsächlich im Futterangebot begründet ist. Scott Boback arbeitet gerade an einer Studie, die diese Erkenntnis verifizieren soll.

Die Festlandsform der Belize-Boa hat eine dunkelgraue bis dunkelbraune Grundfärbung und zahlreiche schwarze Sprenkel am Bauch. Die Schwanzfärbung ist graubraun. Alles in allem also eine sehr dunkle, wenig farbenprächtige Kaiserboa.

Für den Liebhaber von Abgottschlangen sind die beiden Inselformen daher wesentlich interessanter. Zu denen kommen wir jetzt:

2. Die Crawl Cay
Boa c. imperator

Crawl Cay gehört zur Turneffe-Inselgruppe und liegt etwa 40 km nordöstlich der Hauptstadt Belize City in der Karibischen See.

Die Turneffe-Inseln sind vom Festland aus gut erreichbar und als Paradies für Taucher bei Insidern ein Geheimtipp.

Die *Boa c. imperator* von Crawl Cay gelten als eher klein bleibende Variante der Kaiserboas. In ihrem Verbreitungsgebiet erreichen sie selten eine Länge von 1,8 m.

Wie bereits erwähnt, ist das vermutlich nicht (oder nur zu einem geringen Teil) auf die genetische Veranlagung zurückzuführen, sondern liegt am eher spärlichen Futterangebot im Habitat dieser Schlange.

Die Crawl Cay Belize-Boas unterscheiden sich so deutlich von allen anderen mittelamerikanischen *Boa c. imperator*, dass unserer Meinung nach die Einstufung als eigene Unterart durchaus überlegenswert wäre.

Da ist zum einen die überaus starke Muskulatur. Eine adulte Crawl Cay-Boa fühlt sich wie eine lebendig gewordene Eisenstange an. Dieser Eindruck wird zusätzlich noch durch den Umstand verstärkt, dass sich bei diesen Tieren kaum Unterhautfettgewebe findet. Von allen mittelamerikanischen Imperatoren haben nur die Cay Caulker-Boas eine vergleichbare körperliche Beschaffenheit; was angesichts der Tatsache, dass diese Tiere mehr oder weniger aus derselben Gegend kommen auch nicht weiter verwunderlich ist.

Ähnlich wie die *Boa c. orophias* von der Antilleninsel St. Lucia besitzen auch die Crawl Cay-Imperatoren einen eher länglichen Kopf, der ebenfalls nicht in das Schema der übrigen Kaiserboas passt. Da wir gerade bei *Boa c. orophias* sind: Wir finden, dass eine ziemliche Ähnlichkeit zwischen dieser Unterart und den Crawl Cay-Boas besteht, besonders was die Kopfform und den Körperbau betrifft.

Die Grundfärbung ist meist silbergrau, oder beige mit einem Stich ins Kupferfarbene. Viele Exemplare sind mit schwarzen Sprenkeln übersät. Die in Deutschland verfügbare unverfälschte

Abb. 24: Die Sattelfleckenzeichnung der *Boa c. imperator* von Crawl Cay vor der Küste von Belize erinnert an das Muster eines Netzpythons.

Foto: H + E Stöckl

Blutlinie dieser Inselboas besitzt kettenförmig miteinander verbundenen Sattelflecken, die an das Zeichnungsmuster von Netzpythons erinnern. Auch diese optische Besonderheit unterscheidet die Kaiserboas von Crawl Cay von den anderen *Boa c. imperator*.

Grundsätzlich ist diese Inselform mit einem leicht reizbaren Temperament ausgestattet. Wenn man jedoch Jungtiere sehr früh an die Handhabung gewöhnt, werden sie genauso zahm wie andere Vertreter dieser Unterart und geben aufgrund ihrer robusten Konstitution gute Terrarienschlangen ab.

In den 70er Jahren fand eine größere Zahl von Crawl Cay-Boas ihren Weg in die Terraristik der USA. Meist waren es Taucher, Fischer oder Studenten, die sich mit dem Verkauf der Tiere an US-Reptilienhändler nebenbei ein wenig Geld verdienten.

Leider wurden die meisten Exemplare mit *Boa constrictor* aus anderen Verbreitungsgebieten verpaart. Nur die Blutlinie von Tim Meade (der seine Tiere von dem inzwischen verstorbenen Bob Sears erhalten hatte) wurde nicht verfälscht.

Heute gelangen auf legalem Weg keine Crawl Cay-*Boa c. imperator* mehr aus ihrem Verbreitungsgebiet in den Reptilienhandel, da die Turneffe-Inselgruppe zum Naturschutzgebiet erklärt wurde und jede Entnahme von Tieren aus der Wildnis streng verboten ist.

Die hierzulande gezüchtete Blutlinie der Crawl Cay-Boas stammt ebenfalls aus den USA. Sie wurde von einem Züchter aus Baden-Württemberg Anfang der 90er Jahre bei dem Importeur und Reptiliengroßhändler Strictly Reptiles Inc. in Hollywood/Florida erworben.

Dass schon damals nicht mehr alles mit rechten Dingen zuging, zeigt die Tatsache, dass die Tiere mit Ausfuhrpapieren aus Guyana in die USA gekommen waren. Neben der in Deutschland hauptsächlich vertretenen Variante dieser Tiere gibt es auf Crawl Cay auch noch Exemplare, die ebenso wie die Kaiserboas der Nachbarinsel Cay Caulker tendenziell anerythristisch sind.

Diese seltene Blutlinie war bis vor kurzem nur in der US-Terraristik zu finden. Inzwischen gibt es auch drei Pärchen davon in Europa. In einem von National Geographic produzierten Film über Scott Bobacks Erlebnisse beim Fang von Abgottschlangen auf der Insel Crawl Cay („Schlangenfänger: Folge 6 – Die Boas von Belize") sind beide Varianten sehr schön zu sehen.

Nach unserer Erfahrung ist die Crawl Cay-Boa die robusteste Abgottschlange überhaupt. Ähnlich gute Erfahrungen haben wir auch mit den Kaiserboas von Cay Caulker gemacht.

Abb. 25: Die Turneffe-Inselgruppe, Heimat der Crawl Cay-Boas, wurde zum Naturschutzgebiet erklärt um diese und andere Tiere vor dem Aussterben zu bewahren. Auf dem Foto sehen Sie eine deutsche Nachzucht aus dem Jahr 2005. Mit den eher schmalen Sattelflecken gehört dieses Tier allerdings nicht zu den typischen Vertretern dieser Varietät. Wir haben es abgebildet, weil es uns besonders gut gefällt.

Foto: H + E Stöckl

Abb. 26:
In ihrem natürlichen Habitat ernähren sich junge Cay Caulker-Boas von Anolis und Geckos, aber auch von kleinen Zugvögeln.
In der Terrarienhaltung gehen sie ohne Probleme an Nager.
Foto:
H + E Stöckl

3. Die Cay Caulker *Boa c. imperator*

Cay Caulker ist eine von vielen kleinen Inseln entlang des Barrier Reef vor der Küste von Belize. Dieses Eiland liegt etwa 30 km nordöstlich von Belize City in der Karibischen See. Das nördliche Ende besteht hauptsächlich aus Mangrovensümpfen und ist nicht besiedelt. Am südlichen Ende liegt eine kleine Stadt mit circa 800 Einwohnern. Die Insel ist etwa 8 km lang und 1,6 km breit. Am 31. Oktober 1961 wurde Cay Caulker durch den Hurrikan „Hattie" in einen Nord- und einen Südteil gespalten. Beide Teile sind seither durch einen schmalen Kanal getrennt. Im Mai 1998 wurde eine Fläche von etwas mehr als 0,4 km^2 am nördlichsten Teil der Insel zum Naturschutzgebiet erklärt. Dieser Bereich des Eilands blieb seither unangetastet und ist nun der geschützte Lebensraum seltener einheimischer Tiere, darunter auch der Cay Caulker-Boas.

Diese gelten als klein bleibende Inselform. Adulte Exemplare erreichen nur eine Maximallänge von etwa 1,5 m und werden dabei kaum dicker als ein Besenstiel. In der Terrarienhaltung können Cay Caulker-Boas allerdings aufgrund des üppigeren Futterangebots auch größer werden.

Die frei lebenden Exemplare sind häufiger auf Bäumen anzutreffen als andere Abgottschlangen, weil sie sich vor Fressfeinden (das sind Tiere, die Abgottschlangen auf der Speisekarte haben, in diesem Fall insbesondere Krabben bei Ebbe) in Sicherheit bringen müssen. In der Terrarienhaltung konnten wir keine erhöhte Neigung zum Klettern beobachten.

Die Cay Caulker-Boas sind von Natur aus tendenziell anerythristisch (= rote Pigmentierung fehlt). Schon allein dieser Umstand macht sie zu einer Besonderheit.

Ihr Grundton ist ein sehr helles Pastellgrau. Die 22 bis 24 Sattelflecken zeigen eine stahlgraue Färbung. Die Schwänze sind dunkelgrau mit braunen Sprenkeln darin. Einige Exemplare sind dunkler als die meisten anderen und können schwarze Sattel- und Schwanzflecken aufweisen. Durch ihre Farbgebung ist diese Inselform in den Mangroven und der sandigen Umgebung perfekt getarnt.

Ebenso wie ihre Verwandten von der Turneffe-Inselgruppe besitzen auch die Cay Caulker-Boas eine „trockene", äußerst kräftige Muskulatur und eine längliche Kopfform, die sie von den Imperator-Boas in den anderen Verbreitungsgebieten unterscheidet.

In ihrem natürlichen Habitat ernähren sich junge Cay Caulker-Boas von Anolis und Geckos. Von adulten Exemplaren weiß man, dass sie kleine Zugvögel fressen, welche die Inseln als Zwischenstation auf ihrer Reise nach Südamerika nutzen. Da dieser Zwischenstopp nur einige Wochen dauert, müssen die adulten Boas in dieser Zeit soviel fressen wie sie nur können. Wenn sie in diesem schmalen Zeitfenster nicht genügend erbeuten, können sie sich nicht reproduzieren und müssen darauf hoffen, ein Jahr später, wenn die nächste Zugvogelschar eintrifft mehr zu ergattern.

Die Cay Caulker-Boas haben ein wesentlich friedfertigeres Temperament als ihre Artgenossen von Crawl Cay. Adulte Exemplare werden sogar außerordentlich zahm. Dieser Umstand sowie die geringe Größe und ihr ansprechendes Äußeres machen sie zu einem begehrten Terrarientier.

Bis vor kurzem waren diese Inselboas in der Terraristik noch völlig unbekannt.

In den 90er Jahren erhielt ein Biologe einer US-Universität eine Ausfuhrgenehmigung für eine Gruppe von Cay Caulker-Boas zu Forschungszwecken. Nachdem er seine Studien abgeschlossen hatte, erwarb der Texanische Züchter August Rentfro die Tiere. Ihm gelang Ende der 90er Jahre weltweit die erste Nachzucht dieser seltenen Inselboas außerhalb ihres Verbreitungsgebiets. Die ersten Tiere wurden im Jahr 2003 nach Deutschland exportiert. Ihre Stückzahl in Europa ist bisher auf ein gutes Dutzend beschränkt.

Abb. 27: Cay Caulker-Boas sind in der Natur häufiger auf Bäumen anzutreffen als andere Abgottschlangen, weil sie sich dort vor Fressfeinden, insbesondere Krabben, in Sicherheit bringen müssen.
Abb. 28: Cay Caulker, eine der vielen kleinen Inseln entlang des Barrier Reef, vor der Küste von Belize. Die auf ihr lebenden *Boa c. imperator* sind tendenziell anerythristisch. Das macht sie zu einer Besonderheit.
Fotos: H + E Stöckl

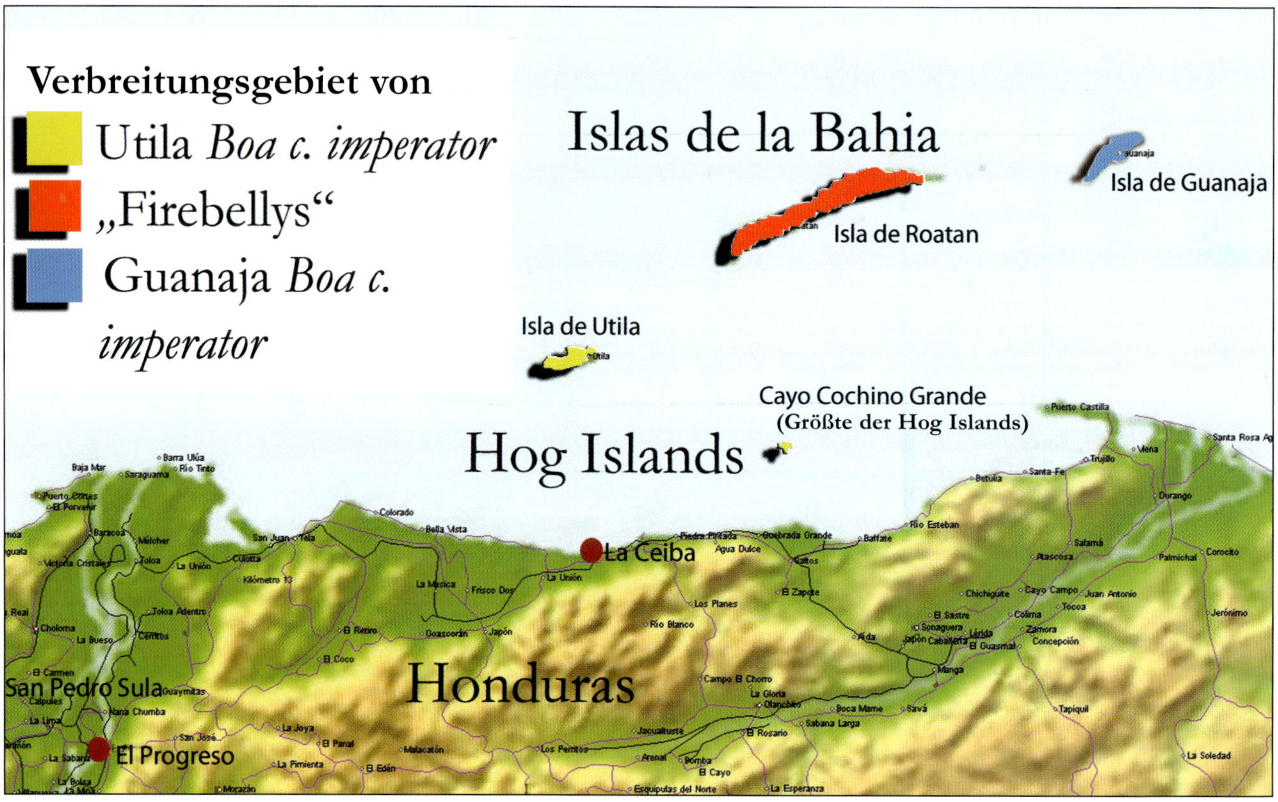

Abb. 29:
Honduras
Karte entnommen der CD ISBN 3-8032-1782-2 © 2006 United Soft Media, München

***Boa c. imperator* – Guatemala**

Die Republik Guatemala liegt genau in der geographischen Mitte des amerikanischen Kontinents. Im Norden und im Westen grenzt Guatemala an Mexiko, im Südosten an El Salvador und Honduras, im Nordosten an Belize und die Karibik und im Süden an den Pazifik.

Guatemala wird von zwei Gebirgsketten durchzogen und verfügt über zahlreiche Vulkane.

Die Temperaturen in diesem Land sind abhängig von der Höhenlage und unterscheiden sich teilweise erheblich.

In den niedrig gelegenen Küstenregionen herrscht ein feucht-warmes, tropisches Klima mit Durchschnittstemperaturen von 25 bis 30 °C. Von Mai bis Oktober ist Regenzeit. Diese Küstenregionen sind der Lebensraum der guatemaltekischen Kaiserboas, die dort „Mazacuata“ genannt werden.

Diese Tiere besitzen das typische Äußere der Mittelamerikanischen *Boa c. imperator*. Ihre Grundfärbung ist ein Grauton mit einem Stich ins grünliche. Die Sattelflecken sind dunkelbraun, die Schwänze zeigen eine dunkle rostbraune Färbung. Im Genick findet sich häufig ein rostbrauner Fleck. Die gesamte Farbgebung dieser Tiere ist sehr gedeckt.

Die Imperator-Boas aus Guatemala bleiben relativ schlank und erreichen nur in Ausnahmefällen eine Länge von zwei Metern. In der Terraristik sind sie – soweit wir wissen – nicht anzutreffen.

***Boa c. imperator* – Honduras**

Honduras, die Heimat mehrerer interessanter Varianten von *Boa c. imperator*, liegt an der breitesten Stelle der mittelamerikanischen Landbrücke. Dieser Staat grenzt im Südosten an Nicaragua, im Nordwesten an Guatemala und im Südwesten an El Salvador. Die 644 km lange Karibikküste bildet die Nordgrenze des Landes. Im Süden besitzt Honduras 124 km Pazifikküste.

Das Land ist überwiegend gebirgig. Von Ost nach West verläuft ein von

Abb. 30:
Die wenigsten *Boa c. imperator* aus Honduras haben eine so prächtige Färbung wie das abgebildete Exemplar. Meistens sind diese Tiere dunkelbraun und unscheinbar.

Foto: H + E Stöckl

mehreren Flüssen durchzogenes Bergmassiv.

Honduras besitzt ein tropisches Klima. Im Bereich der Küstenebenen ist es sehr heiß (Jahresmittelwert: 26,7 °C) und auch die Luftfeuchtigkeit ist dort sehr hoch. Im Landesinneren und in höheren Lagen sind die Werte gemäßigter. Hier liegt die durchschnittliche Jahrestemperatur bei etwas angenehmeren 21,1 °C.

Die Regenzeit in Honduras beginnt im Mai und endet im Oktober. An der karibischen Küste regnet es das ganze Jahr über.

Mehrere der Varianten von *Boa c. imperator*, die in Honduras vorkommen, sind in der Terraristik vertreten und erfreuen sich großer Beliebtheit. Hier die Details:

1. Die Festlandsform

Die Honduras-Festlandsform von *Boa c. imperator* gehört zu den kleinsten Vertretern dieser Art. Adulte Weibchen werden selten länger als 150 cm. Sie können bereits mit einem Körpergewicht von 2,5 kg einen Wurf gesunder Jungtiere produzieren.

Die Grundfärbung dieser Tiere ist Dunkelbraun, der Bauch hell mit schwarzen Sprenkeln. Manche Exemplare sind am Bauch und an den Flanken leuchtend Rot. Die Kopfform ist etwas zierlicher als bei den meisten anderen Vertretern von *Boa c. imperator*.

Die Honduras-Boas wurden in den 80er Jahren in größerer Zahl nach Deutschland eingeführt. Zusammen mit den Kaiserboas aus Costa Rica und Ecuador gehören sie zu jenen reinrassigen *Boa constrictor*-Unterarten, die hierzulande am häufigsten nachgezogen werden. Ihr ruhiges Wesen und die geringe Größe sowie ihre robuste Gesundheit machen die Honduras-Boas zu einem beliebten „Einsteigermodell“ für die Terrarienhaltung.

Entgegen der noch bis vor wenigen Jahren vertretenen These, gibt es auf dem Festland von Honduras nur diese eine, klein bleibende Variante von *Boa c. imperator*.

2. Die Hog Island-Boa

Cayos de Los Cochinos ist eine kleine Inselgruppe, die etwa 16 km vor der Nordküste von Honduras zwischen dem Festland und den Islas de Bahía zu finden ist.

Wörtlich übersetzt bedeutet Cayos de Los Cochinos „Schweineinseln". Angeblich hatte der Spanische Eroberer Hernán Cortés dort Schweine für Nahrungszwecke züchten lassen.

Der Archipel besteht aus 15 Inseln. Die größte davon ist Cayo Cochino Grande (Große Schweineinsel), die zweitgrößte Cayo Cochino Pequeno (Kleine Schweineinsel). Beide haben nur einen Durchmesser von etwas mehr als 1,5 km.

Die Kleine Schweineinsel ist, abgesehen von einigen Herpetologen, Ornithologen und Biologen, die für das Smithsonian Institut (USA) Forschungen betreiben, unbewohnt. Auf der Großen Schweineinsel gibt es ein Dorf mit etwa 60 Einwohnern und eine Tauchschule.

Die beiden Inseln sind von dichtem tropischem Regenwald bedeckt. In ihm leben Agoutis. Das sind Nagetiere, die aussehen wie eine Mischung zwischen Meerschweinchen und Ratte.

Es wird befürchtet, dass die Pflanzenvielfalt auf den Inseln durch die rapide Verbreitung von Attalea, einer robusten Palmenart beeinträchtigt wird. Die Schuld dafür schiebt man den Agoutis in die Schuhe, weil sie die Samen der Attalea vergraben.

Sie werden sich nun Fragen, was diese Informationen in einem Buch über *Boa constrictor* zu suchen haben? Ganz einfach: Wie von den Bewohnern von Cayo Cochino Grande zu hören ist, konnten sich die Agoutis unkontrolliert vermehren, als die Regierung von Honduras begann, Ausfuhrgenehmigungen für die auf den Schweineinseln lebenden *Boa c. imperator*, besser bekannt als Hog Island-Boas, zu erteilen. Allerdings ist es so, dass die Beute den Räuber steuert, nicht umgekehrt (das begreifen auch unsere Jäger nicht, die dem Laien beständig andere Märchen auftischen). Zugegebenermaßen stellen Inselbedingungen immer Ausnahmesituationen dar. Dass es sich mit der „Räuber-Beute-Beziehung" anders verhält, als man annehmen möchte, war sicher manchem Leser bisher nicht bekannt.

Wir hielten diese Information auf alle Fälle für interessant genug, sie an dieser Stelle in das Buch aufzunehmen.

Beginnend von 1979 bis zum Jahr 1986 wurden etwa 5000 Exemplare der

Abb. 31–32: Die Hog Island-Boas sind in der Färbung sehr variabel, wie diese Fotoserie zeigt. (Vgl. Abb. 33-34)

Fotos: H + E Stöckl

Abb. 33-34: Die Hog Island-Boas sind in der Färbung sehr variabel, wie diese Fotoserie zeigt. (Vgl. Abb. 31-32)

Fotos: H + E Stöckl

Natur entnommen und der Terrarienhaltung in aller Welt zugeführt. Die schockierende Konsequenz des Ganzen war, dass im März 1988 bei einer von Biologen durchgeführten Feldstudie auf den Schweineinseln kein einziges Exemplar dieser *Boa c. imperator*-Inselform mehr gefunden werden konnte (WILSON & CRUZ, 1993). Es wird daher angenommen, dass die Hog Island-Boas in ihrem Verbreitungsgebiet in unmittelbarer Gefahr sind, auszusterben.

Aus diesem Grund und wegen der Beschädigung der Korallenriffe, welche die Inseln umgeben traf das Smithsonian Institut in Washington D.C., USA mit der Regierung von Honduras eine Vereinbarung, dass die Hog Islands und die umliegenden Gewässer für 50 Jahre den Status eines Naturschutzgebietes (Reserva Marina Cayos Cochinos) erhalten. Das Smithsonian Institut verpflichtete sich, mit seinen Fachkräften hier Hilfe und Unterstützung zu gewähren.

Trotz aller Bemühungen zur Erhaltung der bedrohten Fauna wurden in jüngster Zeit erneut Hog Island-Boas der Natur entnommen. In Florida kamen solche Tiere mit Ausfuhrpapieren aus El Salvador in den Handel. Glücklicherweise erhielt die zuständige Behörde, der US Fish- And Wildlife Service, Kenntnis von diesen illegalen Aktivitäten und schritt ein. Die nächste Lieferung wurde beschlagnahmt und die Schlangenfänger (Trapper) festgenommen.

Das Vorgehen dieser gewissenlosen Leute ist angesichts der Tatsache, dass die Inselpopulation ums Überleben kämpft und es genügend Hog Island-Boas in der Terrarienhaltung gibt, besonders verwerflich. Die Abgottschlangen von Cayos de Los Cochinos gehören zu den außergewöhnlichsten Inselformen von *Boa constrictor* und hätten unserer Meinung nach Unterartstatus verdient.

Ihre Grundfärbung ist ein milchiges Weiß oder ein helles Grau mit einem Stich ins Grünbraune. Die Fähigkeit von *Boa c. imperator*, die Farbe zu ändern, ist bei dieser Inselform besonders stark ausgeprägt. Nach Eintritt der Dunkelheit sind diese Boas am hellsten. Das Zeichnungsmuster hebt sich farblich nicht so intensiv von der Grundfärbung ab, wie man das sonst von *Boa constrictor* gewöhnt ist. Besonders attraktiv und in der Terraristik sehr begehrt sind Exemplare mit orangefarbenen Sattel- und Schwanzflecken.

Obwohl es sich im Grunde um eine klein bleibende Form handelt, gibt es doch Tiere, die nahe an die 2-m-Marke herankommen.

3. Die Bahia Island-Boas

Die Islas de la Bahia befinden sich (ebenso wie die Hog Islands) vor der karibischen Nordküste von Honduras. Sie sind jedoch weiter vom Festland entfernt als die Schweineinseln und wesentlich größer als diese.

Die Bay Islands, wie sie auch genannt werden, liegen im zweitgrößten Barriereriff der Welt und bestehen aus den Hauptinseln Roatán, Guanaja und Utila. Diese sind beliebte Ferienziele insbesondere für amerikanische Touristen und ein Mekka für Tauchsportler aus aller Welt.

Die Islas de la Bahía haben ein unglaublich reiches Artenspektrum, besonders was Reptilien betrifft. Hier dürfen natürlich Abgottschlangen nicht fehlen.

Die auf **Roatán** vorkommenden *Boa c. imperator* sind in der europäischen Terraristik als „La Bahia-Boas“ bekannt.

Abb. 35: Mitte der 80er Jahre importierte die Firma Hoch in Waldkirch einige Kaiserboas von Roatán, der größten der Islas de la Bahía vor der Küste von Honduras. Das Bild zeigt eine F2-Nachzucht dieser Tiere.

Foto: H + E Stöckl

Mitte der 80er Jahre importierte die Firma Hoch in Waldkirch einige Exemplare dieser Inselform. Ein Teil dieser Boas ging an einen Reptilienhalter aus Dänemark, der sie als erster in Europa erfolgreich nachzüchtete. Von Dänemark aus fanden die Jungtiere ihren Weg in die Terrarien von *Boa constrictor* Liebhabern in ganz Europa und wurden seither mehrmals nachgezogen.

Erstaunlicherweise sind die „La Bahia-Boas“ größer und massiger als ihre Verwandten auf dem Festland. Die Weibchen erreichen sogar die 2 m-Marke und werden dabei bis zu 5 kg schwer. Diese Tiere besitzen – im Gegensatz zu den meisten anderen *Boa c. imperator* – einen sehr gedrungenen, majestätisch wirkenden Kopf. Der Übergang zum Nacken ist häufig rostrot gefärbt.

Die Zeichnung der „La Bahia-Boas“ ist wesentlich deutlicher zu sehen als die der Tiere vom Festland.

Die Insel Roatán, die eine Länge von 53 km und eine Breite von 5 km aufweist, beherbergt noch eine Variante der „La Bahia-Boas“, die unter dem Namen „Firebellys“ berühmt geworden sind.

„Vater“ dieser Tiere ist der bekannte Züchter Dennis Sargent aus Florida. Mitte der 90er Jahre hatte der bekannte US-Reptiliengroßhändler (und später wegen Reptilienschmuggels rechtskräftig zu einer mehrjährigen Freiheitsstrafe verurteilte) Tom C. einige *Boa c. imperator*, die direkt von Roatán stammten, in die USA gebracht. Die Tiere wurden dann von der in Florida ansässigen Reptilienhandlung „Glades Herp“ zum Verkauf angeboten.

Unter diesen Boas waren einige besondere Exemplare, die am Bauch und an den Flanken eine leuchtend rote Färbung aufwiesen. Dennis Sargent suchte sich die zwei Pärchen mit dem größten Rotanteil aus und erwarb sie.

Abb. 36: Adultes Exemplar einer *Boa c. imperator* von Roatán, der größten Insel der Islas de Bahia vor der Küste von Honduras. Aufgrund ihrer Herkunft werden die europäischen Nachzuchten dieser Tiere „La Bahia-Boas“ genannt. Es gibt auch eine US-Blutlinie. Deren Vertreter werden aufgrund ihrer knallroten Bäuche und Flanken„Firebellys“ genannt. Beide „Sorten“ gehören der selben Varietät an, aber der europäischen Blutlinie fehlt die rote Färbung. Dieses Tier beweist jedoch, dass auch „normale“ La Bahia-Boas ihren Reiz haben. Foto: H + E Stöckl

Abb. 37: Der Amerikaner Dennis Sargent suchte sich Mitte der 90er Jahre aus einer Importlieferung von Abgottschlangen von der Insel Roatán einige Exemplare aus, die am Bauch und an den Flanken leuchtend rot gefärbt waren. Diese Tiere bildeten den Grundstock für die erste Filialgeneration der „Firebellys“, zu der auch das abgebildete Exemplar gehört. Foto: Sargent

Abb. 38:
Es gibt derzeit nur vier Exemplare von „Firebellys" in Europa. Diese stammen direkt von dem US-Züchter Dennis Sargent. Die erste Nachzucht hierzulande steht immer noch aus. Es wäre wünschenswert, den Bestand dieser wunderschönen und seltenen Boas auf eine breitere Basis zu stellen.
Foto: H + E Stöckl

2000 glückte ihm die erste Nachzucht. Er vermarktete die Jungtiere unter dem griffigen Namen „Firebellys." Der Kontrast zwischen der feuerroten Färbung am Bauch, die sich teilweise bis in die Flanken erstreckt und der ansonsten dunkelbraunen bzw. dunkelgrauen Grundfärbung macht den besonderen optischen Reiz dieser seltenen Abgottschlangen aus.

Bei den in Deutschland gehaltenen „La Bahia-Boas" handelt es sich zwar um dieselbe Varietät (Zeichnung, Körperbau und Kopfform ist identisch) aber die wunderbare Rotfärbung der Firebellys ist in deren Genetik nicht vorhanden.

Aufgrund einer beruflichen Veränderung musste Dennis Sargent vor einigen Jahren die Schlangenhaltung für längere Zeit aufgeben. Bedauerlicherweise wurden seine exzellenten Zuchttiere durch die Auflösung seines Bestands in alle Winde zerstreut. Davon waren auch die Firebellys betroffen. Gegenwärtig besteht keine Möglichkeit, an solche Boas zu kommen. Selbst Dennis Sargent, der mittlerweile sein Hobby wieder aufgenommen hat, konnte bisher keine solchen Tiere mehr auftreiben.

Zum Zeitpunkt der Veröffentlichung dieses Buchs gibt es in Europa nur vier Exemplare der Firebellys. Dennoch dauerte es hierzulande – wie üblich –

nicht lange, bis die ersten angeblichen „Firebellys“ leichtgläubigen Interessenten zum Kauf angeboten wurden. Es handelte sich dabei um rötlich gefärbte Exemplare der Honduras-Festlandsvariante, die inzwischen recht häufig nachgezogen wird.

Bei „richtigen“ Firebellys MUSS die Herkunft bis zu Dennis Sargent zurückverfolgbar sein. Wenn nicht, findet gerade der Versuch statt, Sie mit irgendwelchen rötlich gefärbten Boas um Ihr Geld zu bringen.

Aber lassen Sie uns zu den Bay Islands und ihren Abgottschlangen zurückkehren.

Auch auf Utila und Guanaja, den anderen Hauptinseln der Islas de la Bahía kommt *Boa c. imperator* vor.

Utila liegt 29 km vor der Küste von Honduras, ist 11 km lang und misst an der breitesten Stelle 4 km. Die Boas dort unterscheiden sich deutlich von jenen auf Roatán. Die Utila-Tiere entsprechen optisch der „durchschnittlichen“ Imperator-Boa mit einer graubraunen Grundfärbung, dunkelbraunen, nicht miteinander verbundenen Sattelflecken und rostbraunen Schwanzflecken, wie man sie von den meisten Festlandsformen Mittelamerikas kennt.

Guanaja ist die kleinste der Bay Islands. Die dort lebenden *Boa c. imperator* sehen so aus wie ihre Unterartgenossen auf Utila. Lediglich die Grundfärbung weicht etwas ab. Die Kaiserboas auf Guanaja tendieren mehr zu Grau als zu Braun. Die Größe, Zeichnung und Körperform der beiden Inselformen ist jedoch identisch.

In der Terraristik werden nach unserem Kenntnisstand weder Utila- noch Guanaja-Boas gehalten.

Eine interessante Frage, auf die es bisher keine Antwort gibt ist, warum sich die *Boa c. imperator* von Utila und Guanaja deutlich von den Kaiserboas auf Roatán unterscheiden?

Abb. 39: Die *Boa c. imperator* auf der Insel Utila vor der Küste von Honduras unterscheiden sich kaum von „normalen“ mittelamerikanischen Festlandsimperatoren, wie dieses Foto zeigt. Foto: Lutz Dirksen

Abb. 40: Guanaja ist eine der Bay Islands vor der Küste von Honduras. Die abgebildete *Boa c. imperator* wurde von Gunther Köhler dort fotografiert. In der Terrarienhaltung sind solche Kaiserboas nicht zu finden. Foto: Gunther Köhler

Boa c. imperator – El Salvador

El Salvador liegt am Rande der Tropen im Übergangsbereich zwischen immergrünen Regenwäldern und dem Savannengürtel. Von den Regenwäldern an den Hängen der Küstenkordillere ist nicht viel übrig geblieben: Nur noch 5 % der Landesfläche sind von Wald bedeckt, weil die Berghänge schon zur Zeit des Kaffeebooms vor der Weltwirtschaftskrise abgeholzt und mit Kaffeesträuchern bepflanzt wurden. El Salvador hat eine der höchsten Kriminalitätsraten in Mittelamerika. Häufige Erdbeben, Vulkanausbrüche, Hurrikane und der Bürgerkrieg Mitte der 80er Jahre, an dessen Folgen das Land bis heute zu tragen hat, lassen den Schluss zu, dass es angenehmere Reiseziele in Mittelamerika gibt.

El Salvador verfügt über ein heißes, subtropisches Klima mit hohen Tagestemperaturen. Die Küstengegenden sind besonders heiß. Die Nächte sind hingegen mit Werten von bis zu 16 °C relativ kühl. Die Regenzeit dauert von Mai bis Oktober.

Die in diesem Land vorkommenden *Boa c. imperator* bleiben sehr klein. Wir gehen davon aus, dass sie nur knapp über 1.5 m lang werden. Es sind typische zentralamerikanische Boas, mit graubrauner Grundfärbung und einer hohen Anzahl von Sattelflecken (28 und mehr), die in der Regel seitlich miteinander verbunden sind. Die Schwanzfärbung ist rostbraun, auch im Nacken der Schlangen findet sich gelegentlich ein rostbrauner Zeichnungsfleck.

Nach unserem Kenntnisstand wurden *Boa c. imperator* aus El Salvador erstmals im Jahr 1999 in größerer Anzahl nach Deutschland eingeführt. Die Firma M&S Reptilien, dessen Inhaber Stefan Broghammer über gute Kontakte in diesem Land verfügt, importierte damals Farmnachzuchten. Diese erwiesen sich als robuste Pfleglinge, die ihren Besitzern nur Freude bereiteten. Inzwischen gibt es auch die ersten deutschen Nachzuchten dieser klein bleibenden Kaiserboas.

Abb. 41: Diese beiden jungen Kaiserboas wurden in einer Zuchtfarm in El Salvador fotografiert.

Foto: Stefan Broghammer

Abb. 42: Die Festlandsform der *Boa c. imperator* aus Nicaragua gehört zu den klein bleibenden Vertretern dieser Unterart. Eine rötliche Schwanzfärbung wie bei diesem Tier ist eher die Ausnahme. Meist sind die Schwänze graubraun.

Foto: H + E Stöckl

Boa c. imperator – Nicaragua

Nicaragua ist von Hochland und verschiedenen Gebirgsketten geprägt. Die höchste davon ist mit über 2100 m. ü. N.N. die Cordillera Isabelia.

Im Süden des Landes liegt der größte See Mittelamerikas, der Nicaraguasee. Dieser ist das Habitat des Bullenhaies, der sowohl im Salz- als auch im Süßwasser vorkommt.

Die Gegend zwischen dem Nicaraguasee sowie der Pazifikküste ist Vulkangebiet und die Erdbebenregion Nicaraguas.

Im Osten des Landes erstreckt sich die Karibische Küstenebene, die etwa 70 km ins Landesinnere reicht. In den Küstenregionen herrscht tropisches Klima, mit einem Temperatur-Mittelwert von 25,5 °C.

In den höheren Lagen im Landesinneren werden Werte zwischen 15,5 und 26,5 °C gemessen. Regenzeit ist von Mai bis November.

Nicaragua wird während der Hurrikan-Saison häufig von heftigen Wirbelstürmen heimgesucht. 1998 richtete der Hurrikan Mitch im ganzen Land schwere Verwüstungen an.

Das 120.254 km^2 große Land bietet zwei *Boa c. imperator*-Formen eine Heimat. Da ist zum einen die Festlandsform. Bei dieser handelt es sich um eine sehr klein bleibende Schlange, mit einer graubraunen Grundfärbung, dem obligatorischen „Imperatorkreuz“ am Kopf und einer dunkelbraunen bis rostbraunen Schwanzfärbung. Je nach Exemplar sind die Sattelflecken entweder getrennt oder seitlich miteinander verbunden.

Bei den Nicaragua-Festlandboas handelt es sich weder um optisch besonders ansprechende, noch in der Terraristik besonders begehrte Schlangen. Dennoch musste die Staatsanwaltschaft im Jahr 2003 in Bayern in einem Fall ermitteln, bei dem mit Hilfe einer gefälschten CITES-Bescheinigung Mischlingsboas

Abb. 43: Corn Island-Boas mit einer solch extremen Rotfärbung werden in der Terraristik als „Red Nics" vermarktet. Was den Rotanteil betrifft, können es Spitzenexemplare sogar mit den „Firebellys" aufnehmen. Foto: H + E Stöckl

zu reinrassigen Nicaragua-*Boa c. imperator* umdeklariert wurden.

Da die angeblichen „Nicaragua-Boas" aber rasch zu einer Größe heranwuchsen, die eine Herkunft aus dem Mittelamerikanischen Land ausschloss, flog der Schwindel auf. Wie gesagt: Nicaragua-Boas sind klein bleibende Boas. Nicht nur die Festlandsform, sondern auch die Inselform.
Zu der kommen wir jetzt:

Die Corn Island-Boa

Die so genannten Corn Islands liegen 70 km vor der Küste von Bluefields/ Nicaragua. Sie bestehen aus zwei Eilanden, nämlich der Isla del Maíz Grande (ungefähr 6 km^2 groß) und der Isla del Maíz Pequena (ungefähr 1.5 km^2 groß). Die Entfernung zwischen den beiden Inseln beträgt etwa 18 km.

Die Eilande sind mit weißem Sand bedeckt. Kokosnusspalmen bewirken einen leichten regenwaldähnlichen Effekt. Wie die meisten Karibikinseln wurden auch die Corn Islands 1988 vom Hurrikan Joan verwüstet. Dieser Sturm brachte die ganze Wirtschaft zum Erliegen und verursachte größte Umweltzerstörungen.

Die Islas del Maíz bieten einer klein bleibenden Inselform von *Boa c. imperator*, den so genannten „Corn Island Boas", einen Lebensraum.

Die Grundfärbung dieser Schlangen ist ein sattes Dunkel- oder Graubraun. Die Fähigkeit von *Boa c. imperator*, die Färbung zu bestimmten Tageszeiten oder Anlässen zu verändern, ist bei den Corn Island-Boas ebenso stark wie bei den Hog Island-Boas ausgeprägt.

Die Bauchseite der Schlangen ist hell, bei manchen Exemplaren auch rosarot, wobei die Intensität der Bauchfärbung in der Regel in Schwanzrichtung zunimmt.

Einige Exemplare, in der Terraristik „Red Nics" genannt, weisen sowohl am gesamten Bauch, als auch an den Flanken eine intensive korallenrote Färbung auf.

Spitzen-„Red Nics“ machen sogar den so genannten „Firebellys“ Konkurrenz, was die Optik und die Begehrtheit in der Terraristik betrifft.

Die in der Terraristik verfügbaren Corn Island-Boas stammen von Farmnachzuchten, die im Jahr 1995 aus den Islas del Maíz ausgeführt wurden.

21 Exemplare gingen damals an einen Großhändler in den USA und eine kleinere Gruppe an die Firma Hoch in Waldkirch.

Die wenigen in Europa gehaltenen Corn Island-Boas sind Nachfahren dieser Importtiere. Der Züchter Hansjörg Winner war damals bei der Firma Hoch beschäftigt und hatte sich ein Pärchen gesichert. Im Jahr 2001 gelang ihm als ersten in Europa die Nachzucht dieser seltenen Inselform. Da sich Hansjörg Winner danach hauptsächlich auf die „Leopardboas“ konzentrierte, gab er seine Zuchttiere an einen Interessenten im Europäischen Ausland ab.

Übrigens war die Exportlieferung im Jahr 1995 die erste und letzte, denn danach wurden die Islas del Maíz zum Nationalpark erklärt. Tierexporte aus einem Naturreservat sind streng verboten. Deshalb wird es keine Ausfuhr dieser seltenen Boas mehr geben. Um so wichtiger ist es, die der Terraristik zur Verfügung stehenden Exemplare reinrassig weiterzuzüchten.

Abb. 44: Die Islas del Maíz, Heimat der Corn Island-Boas, sind zum Nationalpark erklärt worden. Ein Export ist daher künftig nicht mehr möglich. Glücklicherweise gibt es in Deutschland mittlerweile die ersten Nachzuchten davon. Foto: H + E Stöckl

Abb. 45: Diese Corn Island-Boa wurde in ihrem natürlichen Habitat auf Isla del Maíz Grande vor der Küste von Nicaragua fotografiert. Ein Regenguss hatte kurz zuvor dafür gesorgt, dass das Tier besonders schön schillert. Foto: Stefan Broghammer

Abb. 46: Hier ist sehr schön zu erkennen, wie gut die Farben dieser Kaiserboa aus Costa Rica als Tarnung wirken. Und das nicht nur im Regenwald von Costa Rica, sondern auch in einem Garten in Bayern, wie man sieht.

Abb. 47: Bis zu einer bestimmten Größe halten sich Abgottschlangen wie diese Costa Rica-Boa gerne auf Bäumen auf. Sehr massige Exemplare verspüren jedoch keine Neigung mehr zum klettern und verkriechen sich lieber am Boden. Foto: H + E Stöckl

Boa c. imperator – Costa Rica

Costa Rica ist mit Abstand das politisch stabilste Land Mittelamerikas, obwohl oder gerade weil es seit 1949 kein Militär mehr unterhält. Es bietet von allen zentralamerikanischen Staaten am ehesten die Standards, an die der Westeuropäer gewöhnt ist.

Jeder Tourist, der von dort zurückkommt, schwärmt von der Schönheit der Natur Costa Ricas.

Diese wird zum einen bestimmt durch die vulkanischen Bergketten der Kordilleren, die sich bedeckt von feuchtkalten Nebelregenwäldern bis zu 3000 m erheben und das Land von Nordwesten nach Südwesten durchziehen. Vom eher trockenen Pazifikraum bis zur feuchten Karibik wechselt die Landschaft wiederholt. Während etwa die Halbinsel Nicoya im Nordwesten trocken und hügelig ist, präsentieren sich die Schwemmlandebenen der Karibikküste immergrün und mit riesigen Obstplantagen. Das nördliche Tiefland ist von tropischen Feucht- und Regenwäldern geprägt.

Das Klima des Landes ist durch zwei Jahreszeiten gekennzeichnet: Regen und Trockenzeit. Die Regenzeit erstreckt sich von Mai bis November, die Trockenzeit von Dezember bis April. Allerdings differieren die Niederschläge erheblich. In San José fallen im Jahr 1867 mm, in Puerto Limón an der Karibikküste mit 3518 mm fast doppelt so viel.

Bis auf die kalten Hochlagen findet sich *Boa c. imperator* in jedem der verschiedenen Habitate Costa Ricas. Die Regierung hat zudem weite Teile des Landes als Naturschutzgebiete ausgewiesen, was insbesondere bei den Bauern auf wenig Gegenliebe stößt und häufig nicht beachtet wird.

Dennoch scheinen sich die dortigen Kaiserboas an die durch Kaffee-, Bananen- und Zuckerrohrplantagen veränderte Landschaft gut angepasst zu haben.

Die *Boa c. imperator* aus Costa Rica sind im Vergleich mit anderen zentralamerikanischen Abgottschlangen etwas farbenprächtiger. Die Grundfärbung reicht von Beige über Mittelbraun bis zu einem ansprechenden Grau mit einem Stich ins Grünliche. Die Schwanzflecken zeigen häufig eine kräftige rostbraune Färbung. In ihrer Zeichnung sind die Tiere sehr variabel.

Weibchen erreichen in der Terrarienhaltung eine Länge von etwa zwei Metern. Im Allgemeinen zeigen die Costa Rica-Boas ein sehr ruhiges Temperament. Da sie sich zudem als sehr robust erwiesen haben, sind sie beliebte Terrarienschlangen für Einsteiger in die Hobbyschlangenhaltung geworden.

Neben Kolumbien war Costa Rica in den 60er und 70er Jahren das Hauptausfuhrland für Abgottschlangen. Das endete mit dem Inkrafttreten des Washingtoner Artenschutzübereinkommens, dem auch Costa Rica beitrat. Seither wurden von dort keine Wildfang-*Boa c. imperator* mehr exportiert.

Dieser Umstand führte dazu, dass es Mitte der 90er Jahre hierzulande kaum mehr reinrassige Costa Rica-Boas gab, da zwischenzeitlich alles „vermischt“ worden war. Erst mit der Ausfuhr von in Gefangenschaft geborenen Exemplaren im Jahr 1998 änderte sich dieser Umstand. Damals bewiesen die Costa Rica-Boas erstmals ihre Robustheit. Die ersten importierten Nachzuchten waren in einem so miserablen Zustand, dass es an ein Wunder grenzte, dass so viele überlebten.

Inzwischen werden die *Boa c. imperator* aus Costa Rica in Deutschland schon relativ häufig nachgezogen. Unserer Meinung nach dürfte es die hierzulande am häufigsten in der Terrarienhaltung vertretene reinrassige *Boa constrictor* sein.

Abb. 48: Man kann erkennen, dass sich dieses Costa Rica-Boa-Baby auf dem Ast sehr wohl fühlt.

Foto: Stefan Vollmannshauser

Boa c. imperator – Panama

Panama ist in Nord-Südrichtung von zwei Gebirgsketten durchzogen. Diese teilen das Land in zwei Hochebenen. Die durchschnittliche Höhe des Serranía de Tabasará beträgt 1500 m. ü. NN. Der niedrigere Bergzug besteht aus der Cordillera de San Blas und der Sierra del Darién, die eine Höhe von etwa 900 m aufweisen. Beide Küsten Panamas sind von Lagunen und Buchten geprägt. Die höchste Erhebung Panamas ist mit 3374 m. ü. NN. der erloschene Vulkan Barú.

Panama weist ein tropisches Klima mit hohen Temperaturen auf. In höheren Lagen des Landesinneren ist es etwas kühler. Die Regenzeit dauert von April bis Dezember. An der Pazifikküste ist die Niederschlagsmenge doppelt so hoch wie an der Karibikküste.

Panama bietet zwei *Boa constrictor*-Unterarten Heimat und Lebensraum. Während auf dem Festland *Boa c. imperator* verbreitet ist, finden sich auf dem Taboga-Insel-Komplex und den Pearl Islands vor der Küste Panamas die *Boa c. sabogae*. Dieser Subspezies ist ein eigenes Kapitel gewidmet.

Die Panama Variante der Kaiserboas gehört nicht zu den klein bleibenden Formen dieser Unterart. Die Weibchen können durchaus die 2m - Marke überschreiten. Im Großen und Ganzen sehen die *Boa c. imperator* aus Panama ihren (Unter-) Artgenossen aus Costa Rica sehr ähnlich, was die Grundfärbung, die Zeichnung und auch die Größe betrifft.

In der Gegend von Panama City werden gelegentlich aberrant gefärbte Exemplare gefunden, die von den Pearl Island-Boas kaum zu unterscheiden sind. Es wird vermutet, dass es sich hierbei um Hybriden handelt, die aus der Verpaarung von *Boa c. imperator* mit *Boa c. sabogae* hervorgegangen sind. Zur Vermischung der beiden Unterarten kam es vermutlich dadurch, dass Pearl Island-Boas von den Inseln auf das Festland gebracht, dort einige Zeit als Haustiere gehalten und dann wieder freigelassen wurden. Es ist auch davon auszugehen, dass im Falle einer Nachzucht die Jungen ebenfalls auf dem Festland ausgewildert wurden und sich

Abb. 49: Normal gefärbte *Boa c. imperator* vom Festland Panamas. Das abgebildete Tier ist aus dem selben Wurf wie das aberrante Exemplar darunter.

Abb. 50: Wie dieses Foto deutlich zeigt, haben aberrant gefärbte *Boa c. imperator* vom Festland Panamas eine große Ähnlichkeit mit *Boa c. sabogae*. Gerade deshalb ist die exakte Kenntnis des Fundortes einer Abgottschlange aus dieser Region so wichtig. Sonst kann es passieren, dass man eine Pearl Island-Boa möchte und eine Panama *Boa c. imperator* bekommt. Fotos: Vincent Russo

mit der dortigen Population von *Boa c. imperator* vermischten.

An dieser Stelle sei erwähnt, dass die private Haltung von *Boa constrictor* bei den Menschen in Mittel- und Südamerika zwar weit weniger verbreitet ist als bei uns, es aber dennoch auch dort Hobbyisten gibt, die solche Tiere zuhause in Terrarien halten. Das beweisen die vielen E-mails und Boa-Fotos, die wir schon aus dieser Region erhalten haben.

In Europa werden nach unserem Kenntnisstand keine *Boa c. imperator* aus Panama gehalten, da dieses Land keine Ausfuhrgenehmigungen für geschützte Tiere erteilt.

Boa c. imperator – Kolumbien

Die Bergkette der Anden erstreckt sich in den zentralen und westlichen Landesteilen Kolumbiens in Nord-Süd-Richtung in drei großen, parallel verlaufenden Strängen. Diese Stränge, Kordilleren genannt, reichen fast über die gesamte Länge des Landes.

Östlich der Ostkordillere befinden sich spärlich bevölkerte, kaum erforschte tropisch heiße Tiefländer. Der Süden des Landes ist von Regenwald bedeckt und wird von Nebenflüssen des Amazonas durchzogen. Der nördliche Teil Kolumbiens besteht aus den Llanos, den weiten Feuchtsavannen.

Abgesehen vom höheren Bergland ist es in Kolumbien ganzjährig sehr heiß. Der Jahresdurchschnitt im regenreichen Küstentiefland, sowie in den Tälern des Río Patía und des Río Magdalena liegt zwischen 24 und 27 °C. Regenzeit und Trockenzeit wechseln im vierteljährigen Rhythmus.

Kolumbien ist ein sehr großes Land und zusammen mit Brasilien eines der bedeutendsten überhaupt, was die Vielfalt der Arten von Pflanzen und Tieren betrifft. Außerdem zeichnet sich dieser Staat im Norden Südamerikas durch eine Vielzahl verschiedener Habitate aus. Die bedeutendsten sind das Hochland der Anden und das Tiefland des Amazonas und der Llanos.

1. Die Festlandsform

In Kolumbien kommen sowohl *Boa c. imperator* als auch *Boa c. constrictor* vor. Obwohl die Andenkette in der Theorie beide Unterarten strikt voneinander trennen sollte, ist das in der Praxis nicht der Fall. Als relativ gesichert kann gelten, dass reine Kaiserboas östlich der Anden in der Pazifik-Region und in der nördlichen karibischen Region vorkommen. Ihr Verbreitungsgebiet erstreckt sich nordöstlich bis nach Venezuela, und südlich nach Ecuador und Peru.

Die Übergangsformen der beiden Unterarten finden sich im Grenzbereich ihrer Verbreitungsgebiete. Beide Unterarten wurden aber auch schon in Gebieten außerhalb ihrer üblichen Verbreitung gefunden (Dr. Ian Stephan, pers. Mitteilung).

Abb. 51: Kolumbianische *Boa c. imperator* aus der Gegend von Baranquilla

Foto: H + E Stöckl

Deshalb kann es vorkommen, dass man vor einer gut 2,5 m langen Abgottschlange aus Kolumbien steht und sich fragt, ob man eine *Boa c. constrictor* oder eine Kaiserboa vor sich hat? Manchmal gibt das Zählen der Schuppen oder der Sattelflecken auch keinen Aufschluss darüber, weil die Ergebnisse widersprüchlich sind oder bestimmte optische Merkmale des Tiers (z. B. ein Kreuz auf dem Kopf) das Resultat der Zählerei ad absurdum führen.

Die Kaiserboas aus Kolumbien sind sehr variabel, was die Färbung und auch die Zeichnung betrifft. Die Palette reicht hier von eher unscheinbaren, dunkelbraun gefärbten Tieren über mittel- und hellbraune Exemplare bis hin zu pastellfarbenen Schönheiten.

Pastellfarbene *Boa constrictor* kommen in Kolumbien auch in der Natur vor, sind also nicht das Ergebnis gezielter Zucht. Nach allem, was wir bisher gesehen haben, ist Kolumbien das einzige Land, in dem es in der Natur Abgottschlangen mit einer solchen Färbung gibt.

Die Zeichnungsvarianten reichen vom Kettenmuster über sanduhrförmige Sattelflecken bis zu den so genannten „widows peaks" (fledermausförmige Sattelflecken). Bei der enormen Größe Kolumbiens (1.141.748 km²) ist die Vielfalt der Kaiserboas nicht verwunderlich.

Abb. 52: Die herrliche Pastellfärbung dieser kolumbianischen *Boa constrictor* aus einer US-Nachzucht ist das Resultat einer über mehrere Generationen betriebenen Auslese.

Foto: H + E Stöckl

Allen gemeinsam ist jedoch ihre Größe, welche weit über das hinausgeht, was man in Mittelamerika von *Boa c. imperator* gewohnt ist. Manche Exemplare erreichen Abmessungen, die sonst nur besonders stattliche *Boa c. constrictor* vorweisen können. Die nach unserem Kenntnisstand längste und schwerste Abgottschlange, die in Deutschland gehalten wird, stammt von kolumbianischen Tieren ab.

Wir sprechen hier natürlich von einem Ausnahmetier. Die durchschnittliche Länge geschlechtsreifer Weibchen von *Boa c. imperator* aus Kolumbien liegt etwa bei 2,20 m.

Bis vor einigen Jahren gab es hierzulande aufgrund der in der Vergangenheit betriebenen Bastardisierung kaum noch nachweislich reinrassige kolumbianische *Boa constrictor*.

In den letzten Jahren wurden von Importeuren Farmnachzuchten eingeführt, so dass nun erneut die Gelegenheit besteht, auch hierzulande reinrassige Abgottschlangen aus Kolumbien zu züchten. Es bleibt zu hoffen, dass sich die Fehler der 60er und 70er Jahre nicht wiederholen, sondern dass diesmal darauf geachtet wird, nur Abgottschlangen aus demselben Verbreitungsgebiet zu verpaaren.

Abschließen sei noch erwähnt, dass sich die in der Terraristikszene der USA verwendete Bezeichnung „common boa" auf kolumbianische *Boa c. imperator*, oder auf Mischlingsboas aus solchen Tieren bezieht. „Common" bedeutet „gebräuchlich, geläufig, häufig anzutreffen, weit verbreitet". Die Bezeichnung „common boa" trifft es auf den Punkt, da auch in den USA – ebenso wie hierzulande – solche Tiere den weitaus größten Teil des privat gehaltenen Abgottschlangenbestands ausmachen – nachweislich reinrassig sind die wenigsten davon.

2. Die San Andrés-Boa

Die kolumbianische Provinz San Andrés y Providencia besteht aus den Inseln San Andrés, Providencia und St. Catherine. San Andrés ist ungefähr 44 km² groß und hat etwa 60.000 Einwohner.

Die vorgenannten Eilande sind die größten einer Gruppe von etwa einem Dutzend Inseln, und Inselchen. Sie liegen in der Karibik, etwa 200 km vor der Küste Nicaraguas. Obwohl ganze 800 km von Kolumbien entfernt, handelt es sich bei San Andrés y Providencia um kolumbianisches Staatsgebiet.

Im Jahr 2002 tauchten in der Terraristik in den USA und Kanada *Boa c. imperator* auf, die angeblich auf San Andrés der Wildnis entnommen und in die USA gebracht worden waren.

Wir haben damals mehrere Fotos dieser Tiere gesehen und waren zunächst skeptisch, denn sie sahen schlicht und ergreifend wie Hog Island-Boas aus. Aufgrund von Fotomaterial, das nicht aus dem Terraristikbereich kommt, kann jedoch sowohl die Existenz der San Andrés-*Boa c. imperator* als auch ihre verblüffende Ähnlichkeit mit den Hog Island-Boas als nachgewiesen gelten. Letzteres wirft natürlich – angesichts der Entfernung zu Cayos de Los Cochinos – eine Vielzahl von Fragen auf.

Es kann gegenwärtig nicht gesagt werden, ob diese Kaiserboas von Menschen auf die Insel gebracht wurden und sich dort etabliert haben (sogenannte Neozoen), oder ob es sich um eine einheimische Tierart handelt. Wir können uns allerdings nur schwer vorstellen, dass jemand auf die Idee gekommen ist, dort ausgerechnet Hog Island-Boas anzusiedeln. Wirklich ein Rätsel, das Ganze…

Auch auf Providencia und St. Catherine kommen laut Dunn (1945) *Boa c. imperator* vor.

Abb. 53: San Andrés – Karte entnommen der CD ISBN 3-8032-1782-2, © 2006 United Soft Media, München

Abb. 54: Die Ähnlichkeit der San Andrés-Boas mit den Hog Island-Boas ist wirklich verblüffend. Wie es kommt, dass die beiden Inselboas fast gleich aussehen, ist ein Mysterium. Foto: Chris Riedinger

Abb. 55: Ein düsteres Schicksal erwartete diese San Andrés-Boa, die von Fischern in einem Netz gefangen wurde. Wie in vielen Teilen des Verbreitungsgebietes der Abgottschlangen werden auch auf San Andrés *Boa constrictor* als giftig eingestuft und bei Antreffen getötet. Diese Inselform von *Boa c. imperator* hat eine große Ähnlichkeit mit der Hog Island-Boa und wurde bisher nicht erforscht. Foto: Geoffrey Schultz

Abb. 56: Die Einheimischen auf der Halbinsel Paraguana in Venezuela nennen die dort lebenden Kaiserboas „Paraguanera“. Leider konnten wir nur ein Foto von einem Jungtier auftreiben. Diese Boas sind als Babys relativ hell und färben sich immer dunkler, je älter sie werden. Als adulte Tiere sehen sie den Sonora Boas in Mexiko nicht unähnlich.

Foto: Vincent Russo

Boa c. imperator – Venezuela

Die Landschaft Venezuelas ist von der langgestreckten Karibikküste im Norden, den dichten Amazonaswäldern im Süden, der Gran Sabana-Hochebene im Osten und den schneebedeckten Gipfeln der Anden im Westen geprägt.

In den Ebenen herrscht tropisches, im Gebirge gemäßigtes Klima. In Höhenlagen über 2000 m kann es recht kalt werden. Venezuela hat nur zwei Jahreszeiten: Die Trockenzeit von Dezember bis April und die Regenzeit von Mai bis November.

Zwischen den venezuelanischen Kaiserboas und den Vertretern dieser Unterart aus Kolumbien gibt es optisch kaum einen Unterschied. Der Einfluss von *Boa c. constrictor* ist auch den Imperatorboas in Venezuela deutlich anzusehen. Und auch hier gibt es – ebenso wie in Kolumbien – Übergangsformen zwischen beiden Subspezies.

Auf der Halbinsel Paraguana kommen jedoch *Boa c. imperator* vor, die sich von den anderen Kaiserboas in Venezuela erheblich unterscheiden. Sie sind wesentlich kleiner, haben eine graubraune Grundfärbung mit dunkelbraunen Sattelflecken und eine rostbraune Schwanzfärbung.

Die Paraguanera, wie diese Imperatorboa von den Einheimischen genannt wird, unterscheidet sich jedenfalls erheblich von den Abgottschlangen, die im Rest des Landes gefunden werden.

Das Verbreitungsgebiet dieser optisch eher weniger reizvollen Tiere reicht in etwa bis Coro. Bei diesen überwiegend auf Bäumen lebenden Kaiserboas lässt sich übrigens eine gewisse Ähnlichkeit mit den *Boa c. imperator* aus der Region Sonora in Mexiko feststellen.

Die Aussichten, an Paraguanera oder andere *Boa constrictor* aus Venezuela zu gelangen sind schlecht, da Venezuela keine geschützten Tiere exportiert und auch die private Haltung verboten ist.

In Unkenntnis dieser Sachlage hatten übrigens vor einigen Jahren mehrere Schlangenhalter auf ein Inserat hin Anzahlungen auf *Boa constrictor* geleistet, die angeblich von Venezuela nach Deutschland ausgeführt werden sollten. Diese Leute warten heute noch auf ihre Schlangen. Ob sie ihr Geld wieder bekommen haben, entzieht sich unserer Kenntnis.

Boa c. imperator – Ecuador

Auch in diesem Land bildet die Andenkette die Trennlinie zwischen den Verbreitungsgebieten von *Boa c. constrictor* und *Boa c. imperator*.

Der westlich der Anden gelegene Teil Ecuadors ist mit Ausnahme des äußersten Südwestens, wo *Boa c. longicauda* (*Boa c. ortonii?*) vorkommt, die Domäne der Kaiserboas.

Die Ecuador-Variante dieser Unterart unterscheidet sich erheblich von den Imperatoren aus Zentralamerika, Venezuela oder Kolumbien. Es darf also von einer landestypischen Kaiserboa gesprochen werden.

Die Tiere bleiben unter 2 m und haben eine hell- bis mittelbraune Grundfärbung.

Einige Exemplare sind am Bauch und teilweise an den Flanken zart orangefarben. Die Schwänze weisen meist eine rostrote Färbung auf.

Die Sattelflecken sind seitlich nicht miteinander verbunden, meist sehr schmal und oft aberrant.

Ein Einfluss von *Boa c. constrictor* wie bei den Kaiserboas aus Kolumbien und Venezuela , ist bei den *Boa c. imperator* aus Ecuador nicht festzustellen.

Im Übrigen sind diese Schlangen sehr gut für die Terrarienhaltung geeignet. Sie haben in der Regel ein ruhiges Gemüt, fressen gut und zeichnen sich durch eine robuste Gesundheit aus.

Jedoch führt Ecuador keine geschützten Tiere aus. Deshalb sind Kaiserboas aus diesem Land in der weltweiten Terrarienhaltung dünn gesät. Eine Ausnahme bildet hier Deutschland, wo durch jahrelange gute Nachzuchterfolge fast schon ein Überangebot an diesen Boas entstanden ist.

Die Frage, wie die Urahnen dieser Tiere trotz einer Exportquote gleich Null nach Deutschland gelangt sind, überlassen wir der Fantasie des Lesers.

Abb. 57: Westlich der Anden kommen in Ecuador auch *Boa c. imperator* vor. Diese Varietät wird nicht besonders groß, hat aber einen sehr kräftigen Körperbau.

Abb. 58: Die Ecuador *Boa c. imperator* hat ein ganz typisches Äußeres und unterscheidet sich grundlegend von den Kaiserboas aus anderen Verbreitungsgebieten in Mittelamerika.

Fotos: H + E Stöckl

Abb. 59: Als Fundort der Eltern dieser Kaiserboas wurde das Gebiet zwischen Rio Napo und Rio Curaray bei Tempestad in Peru angegeben. Sollte dies zutreffen, dann wäre einiges – was man über die Verbreitung von *Boa c. imperator* sicher zu wissen glaubte über den Haufen geworfen. Foto: H + E Stöckl

Boa c. imperator – Peru

Dass sich das Verbreitungsgebiet der Kaiserboas bis in den Nordwesten von Peru erstreckt, wissen im Bereich der Terraristik nur die Wenigsten.

Die peruanischen Imperatoren werden in der Küstenregion der Provinz Tumbes gefunden und sind somit die südlichsten Kaiserboas.

Grundsätzlich gilt, dass diese Tiere in der Terrarienhaltung nicht anzutreffen sind. Eventuell gibt es jedoch eine Ausnahme:

Im Jahr 2002 zeigte uns ein Züchterkollege aus Bayern vier *Boa constrictor*-Babys, die er von einem österreichischen Reptilienhändler erworben hatte. Die Eltern dieser Tiere stammten angeblich aus Peru.

Uns war bekannt, dass der betreffende österreichische Händler gute Kontakte in dieses Land unterhält. Daher hatten wir kaum Zweifel an dieser Aussage, obwohl die Tiere keinerlei Ähnlichkeit mit den bisher bekannten peruanischen Boas hatten.

Es war anhand des Erscheinungsbildes dieser F1-Nachzuchten auszuschließen, dass es sich um *Boa c. constrictor*, *Boa c. longicauda* oder *Boa c. ortonii* handelte.

Vielmehr wiesen diese Tiere eine starke Ähnlichkeit mit kolumbianischen Kaiserboas auf. Als Kopfzeichnung hatten sie das so genannte „Imperatorkreuz“. Auch alle anderen Merkmale ließen darauf schließen, dass es sich um *Boa c. imperator* handelte.

Im Zuge der Recherchen für dieses Buch fragten wir den besagten österreichischen Reptilienhändler nach dem exakten Fundort der Importtiere und erhielten die Auskunft, die Boas wären im Gebiet zwischen Rio Napo und Rio Curaray bei Tempestad gefangen worden.

Nach einem Blick auf die Karte war unsere Überraschung groß, denn die angegebene Örtlichkeit liegt mitten im Verbreitungsgebiet von *Boa c. constrictor*, etwa 700 km östlich des Verbreitungsgebiets von *Boa c. imperator*.

Auf unsere Bitte hin erkundigte sich der österreichische Reptilienhändler noch mal bei seiner Quelle, ob denn der Fundort gesichert sei. Dies wurde bestätigt.

Wenn diese Tiere tatsächlich aus der Gegend um Tempestad stammen, dann wäre einiges, was man über die Verbreitung von *Boa c. imperator* sicher zu wissen glaubte, über den Haufen geworfen. Wir hoffen, bis zur nächsten Auflage dieses Buchs die Herkunft dieser Tiere verifizieren zu können.

Bleibt noch anzumerken, dass unser Züchterkollege sie bereits zweimal erfolgreich nachgezogen hat.

Von dem vorher erwähnten österreichischen Reptilienhändler haben wir übrigens vor Jahren ein Foto von einem Wildfang aus Peru bekommen, bei dem es sich um eine Kaiserboa handeln könnte.

Allerdings sind auch optische Elemente von *Boa c. longicauda* an diesem Tier zu erkennen.

Wir gehen davon aus, dass es einen fließenden Übergang zwischen den peruanischen Imperatorboas und *Boa c. longicauda* gibt. Wir haben schon öfters Langschwanzboas gesehen, die eine sehr starke Ähnlichkeit mit *Boa c. imperator* aufwiesen.

Abb. 60: Peru, angegebener Fundort der *Boa c. imperator*. University of Texas Libraries, The University of Texas at Austin.

Abb. 61: Peruanische Abgottschlange. Eine Übergangsform von *Boa c. imperator* zu *Boa c. longicauda*?
Foto: Martin Polaschek

Abb. 62:
Pearl Islands und Taboga
Karte entnommen der CD ISBN 3-8032-1782-2 © 2006 United Soft Media, München

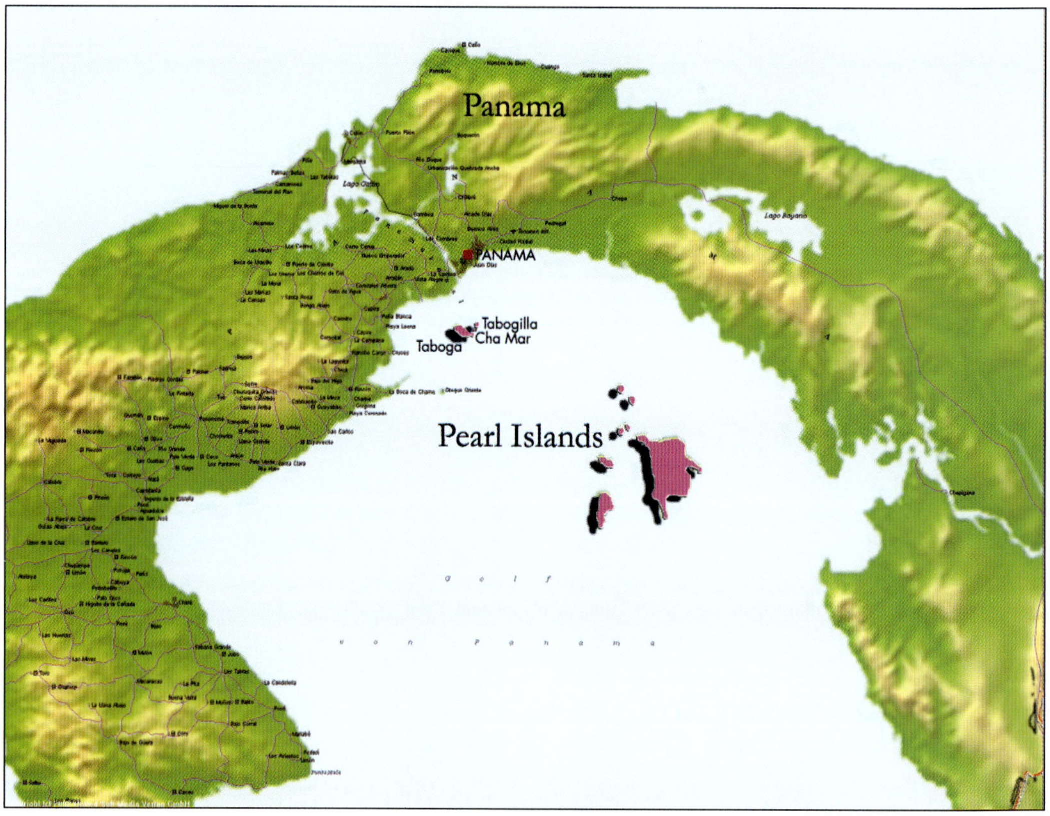

Dorsale Schuppenreihe	**65–67**	(LANGHAMMER 1983)
Bauchschilde	**242–247** **214–245**	(BOULENGER 1893) (STULL 1932)
Schwanzschilde	**49–70** **68**	(BARBOUR 1906) (STULL 1932)
Anzahl Sattelflecken	---	---
Ausdehnung der Hemipenes in Subcaudalia	---	---

Boa c. sabogae
(BARBOUR, 1906)
Trivialnamen:
„Pearl Island Boa, Sabogaboa"

Verbreitungsgebiet: Pearl Islands und Taboga Insel Komplex (Hoheitsgebiet Panama)

Geschätzte durchschnittliche Länge geschlechtsreifer Weibchen: ca. 170 cm

Taxonomischer Status: Anerkannte CITES Unterart

Diese wohl seltenste aller *Boa constrictor*-Unterarten wurde im Januar 1906 von Thomas Barbour beschrieben. Allerdings war die von ihm ursprünglich getroffene Einordnung als *Epicrates sabogae* nicht korrekt, da es sich bei diesen Tieren zweifelsfrei um eine Unterart von *Boa constrictor* handelt und nicht um eine Art aus der Gattung *Epicrates*.

Doris M. Cochran änderte die Beschreibung 1946 in *Constrictor constrictor sabogae* und kam damit der Wahrheit schon ein Stückchen näher. Dem Herpetologen FORCART haben es die Pearl Island-Boas schließlich zu verdanken, dass sie seit 1951 korrekterweise als *Boa c. sabogae* bezeichnet werden.

Wie der Trivialname schon vermuten lässt, sind diese Schlangen auf den Pearl Islands (BARBOUR 1906), aber auch auf Cha Mar, Taboga und Tabogilla, die zusammen den Taboga-Insel-Komplex bilden, beheimatet (LANGHAMMER 1983).

Diese letztgenannte Inselgruppe befindet sich etwa 25 km südlich der direkt an der Festlandsküste gelegenen Hauptstadt von Panama, Panama City.

Cha Mar ist nur wenige Hektar groß. Vor einigen Jahren wurde das Eiland vollständig abgebrannt und ist nun von Menschen unbewohnt. Es gibt dort keine Nagetiere, so dass Grüne Leguane und zufällig erbeutete Vögel die einzige Nahrungsquelle für *Boa c. sabogae* sind, so es dort noch welche gibt.

Taboga, auch „Blumeninsel" genannt, ist 11 km^2 groß und besiedelt.

Die Schwesterinsel Tabogilla ist ungefähr halb so groß wie Taboga und beherbergt ein Tanklager und eine Düngemittelfabrik. Es braucht nicht viel Fantasie um sich vorzustellen, dass die Sabogaboas dort nicht mehr viel Lebensraum finden.

Die höchsten Erhebungen auf diesen drei Eilanden erreichen etwa 150 m. Die Temperatur liegt nachts bei ca. 20 bis 22 °C. Tagsüber werden Werte zwischen 30 bis 35 °C erreicht. Die Vegetation kann als tropischer Feuchtwald bezeichnet werden. Von Mai bis November ist Regenzeit.

Die Pearl Islands (Islas de las Perlas), eine Ansammlung von mehreren Dutzend Inseln, sind noch etwas weiter vom Festland entfernt. Isla San Jose ist die bekannteste und mit 44 km^2 zweitgrößte der Perleninseln. Von dort sind es etwa 90 km bis Panama City.

Die klimatischen und landschaftlichen Gegebenheiten stimmen mit den Inseln des Taboga-Komplexes überein.

Die in der Terrarienhaltung verfügbaren *Boa c. sabogae* **mit nachgewiesener Herkunft aus dem Verbreitungsgebiet** stammen ausnahmslos aus der Zuchtlinie eines Zoos in Costa Rica. Mehr dazu im nächsten Kapitel.

Abb. 63: *Boa c. sabogae* gehört zu den seltensten Abgottschlangen-Unterarten sowohl in der Natur als auch in der Terraristik. Im Bild eine Nachzucht von 2005.

Abb. 64: Durch private Zucht reinrassiger Abgottschlangen wird der Bestand dieser vom Aussterben bedrohten Tiere gestützt und damit zugleich der Import vermindert. Im Bild die Geburt einer Pearl Island-Boa (*Boa c. sabogae*). Fotos: H + E Stöckl

Abb. 65 (links): Eine neugeborene Pearl Island-Boa. Sie hat gerade erst die Eihülle durchstoßen. Auch für diese Unterart gilt, dass sich die prächtige Färbung erst im Laufe der Zeit entwickelt.
Abb. 66 (rechts): Die Pearl Island-Boa ist eine hypomelanistische Form der Abgottschlange. Besonders bei Inselformen setzt sich diese Veranlagung im Laufe der Zeit durch. Allerdings ist die Wildfarbe immer noch im Genpool vorhanden und kann gelegentlich wieder auftreten. Das Bild zeigt eine wildfarbene *Boa c. sabogae*. Von diesen Tieren gibt es nur einige wenige Exemplare.
Foto: H +E Stöckl

Durch die Nachzuchterfolge der letzten Jahre wurde offenbar, dass die Pearl Island-Boas in ihrer Färbung weitaus variabler sind als bisher bekannt war.

Bevor die ersten Würfe zur Welt kamen, waren höchstens ein halbes Dutzend Exemplare dieser seltenen Unterart abgelichtet worden. Anzunehmen, dass diese Tiere repräsentativ für alle *Boa c. sabogae* sein würden, wäre naiv gewesen. Daher ist es nicht verwunderlich, dass sich erst mit einer größeren Anzahl ein genaueres Bild hinsichtlich der Variabilität der Pearl Island-Boas ergab.

In den Würfen fanden sich sowohl sandfarbene (hypomelanistische) Tiere, als auch Exemplare mit dunklerer, ockergelber Färbung und schwarzen Sprenkeln.

Eine wirkliche Überraschung stellten jedoch einige dunkle (wildfarbene) Exemplare dar, deren Färbung sich grundsätzlich von dem unterschied, was man bisher von den Pearl Island-Boas kannte. Die Zeichnung und die Körperform sind jedoch identisch.

Handelt es sich bei den „normalen" *Boa c. sabogae* schon um eine Seltenheit, so müssen diese dunklen Exemplare als absolute Rarität betrachtet werden, auch wenn sie nicht so spektakulär aussehen wie die hypomelanistischen Tiere. Zusammenfassend lässt sich sagen, dass der weitaus größte Teil der Pearl Island-Boas in mehr oder weniger starker Ausprägung hypomelanistisch ist, es aber auch noch wildfarbene Exemplare dieser Unterart gibt. Über die Gründe, warum sich die hypomelanistische Färbung (offenbar) durchgesetzt hat, kann nur spekuliert werden. Wir gehen davon aus, dass die wildfarbene Variante ohne gezielte Zuchtbemühungen völlig verschwinden würde.

Reinrassige *Boa c. sabogae* – Die bewiesene Blutlinie

Hubert Bosch spricht in seinem 1994 erschienenen Buch „Boa constrictor" von einer Unterart, die den meisten Herpetologen nur vom Hörensagen bekannt ist. Es war ihm offenbar auch nicht möglich, für dieses Werk ein Foto von einer Pearl Island-Boa zu beschaffen.

Wir hatten es zwei Jahre später nur einem glücklichen Umstand zu verdanken, dass uns eine solche Aufnahme in die Hände fiel. Sonst wäre unser Buch „Ratgeber Abgottschlangen" ohne Sabogae-Foto erschienen.

Dass es *Boa c. sabogae* mittlerweile in der Terrarienhaltung gibt, ist der erfolgreichen Nachzucht in einem Reptilienzoo in Costa Rica zu verdanken.

Abb. 67: Pearl Island-Boas mit dieser Färbung sind ein Paradebeispiel für den genetisch bedingten Mangel am schwarzen Pigment Melanin. Solche Tiere werden als hypomelanistisch bezeichnet. In diesem Fall hatte jedoch nicht der Mensch seine Hand im Spiel wie bei den „Designerboas", sondern hier war Mutter Natur am Werk. Foto: H + E Stöckl

Der Betreiber des Serpentariums bekam im Jahr 1999 von der Regierung Panamas die Genehmigung zum Fang und zur Ausfuhr von sechs Exemplaren dieser seltensten aller *Boa constrictor*-Unterarten.

Panama lässt normalerweise keine Ausfuhr geschützter Arten zu (weder Wildfänge noch Nachzuchten). In diesem Fall wurde die Genehmigung jedoch erteilt, weil es sich bei der Einrichtung um einen staatlich anerkannten Zoo handelte. Es war das erste und bisher einzige Mal, dass die Regierung von Panama eine Ausfuhrgenehmigung für *Boa c. sabogae* erteilt hat.

Der Leiter des Serpentariums bereiste zweimal für jeweils drei Wochen den Taboga-Insel-Komplex in den Gewässern Panamas, um die genehmigten sechs Exemplare von *Boa c. sabogae* zu fangen. Er fand jedoch nur noch fünf Stück, die dann zur Ausfuhr nach Costa Rica kamen. Von diesen leben gegenwärtig noch drei.

Glücklicherweise vermehrten sich die im Jahr 1999 auf Char Mar, Taboga und Tabogilla gefangenen Sabogaboas in dem Reptilienzoo. Die ersten Jungen kamen 2002 zur Welt. Auch in den Folgejahren wurden solche Tiere geboren.

Die *Boa c. sabogae* aus dieser Blutlinie sind weltweit die einzigen, deren Herkunft aus dem Verbreitungsgebiet nachgewiesen werden kann und dokumentiert ist.

Wir hatten das Glück, exklusiv alle Jungen des ersten Wurfes aus dem Jahr 2002 erwerben zu können. Die erste Nachzucht glückte uns im Jahr 2005. Es waren dies die ersten in Europa geborenen *Boa c. sabogae*.

Nach Bekanntwerden des ersten Nachzuchterfolges in Costa Rica mehrten sich die Gerüchte über andere Quellen für solche Tiere.

Ein bekannter Züchter aus den USA präsentierte Nachzuchten von angeblichen Pearl Island-Boas, die ebenfalls aus Costa Rica stammten.

Da uns die Sache interessierte, setzten wir uns mit dem Betreiber des Serpentariums in Costa Rica in Verbindung in der Hoffnung, näheres zu erfahren. Er wusste über die Sache bestens Bescheid, da er es gewesen war, der für einen privaten Züchter in Costa Rica die Ausfuhrpapiere für diese Tiere beantragt hatte. In Costa Rica können nur Zoos und Händler Ausfuhrgenehmigungen für geschützte Tiere beantragen. Ein Privatzüchter bekommt aufgrund der dortigen Gesetzeslage keine solche Erlaubnis.

Daher beantragte der Betreiber des Serpentariums Ausfuhrdokumente für die Boa-Babys des Privatzüchters. Um es ganz klar festzuhalten: Diese Tiere wurden nicht in dem Zoo gezüchtet, sie stammen nicht aus dem dortigen Bestand und sind auch nicht mit der Wildfang-Blutlinie vom Taboga Insel Komplex verwandt!

Ein Nachweis, dass es sich bei den Elterntieren tatsächlich um *Boa c. sabogae* handelt, fehlt. Optisch gehen diese Tiere zwar als Sabogaboas durch, aber das will nichts heißen, weil es zwei Varianten von *Boa constrictor* gibt, die von reinrassigen Pearl Island-Boas kaum oder gar nicht (je nach Exemplar) zu unterscheiden sind. Es sind dies Hybridboas vom Festland Panamas und die so genannten „Salmon Hypos" aus den USA.

Abb. 68: Die „Salmon Hypo", eine Designerboa aus den USA wurde durch die Verpaarung einer Pearl Island-Boa mit einer kolumbianischen *Boa c. imperator* kreiert. Der Versuch, solche Tiere als *Boa c. sabogae* zu vermarkten hat bereits stattgefunden.

Foto: Greg Grindstaff

1. Die Festlands-Hybriden

Bereits STULL (1964, in LANGHAMMER 1983) stellte fest, dass die Pearl Island-Boas von aberrant gefärbten Panama-Festlandboas nicht zu unterscheiden sind.

Es dürfte sich bei diesen aberranten Tieren um Nachkommen von *Boa c. sabogae* handeln, die von den Pearl Islands oder bzw. Taboga auf das Festland gebracht wurden und sich mit den dortigen *Boa c. imperator* verpaart haben. Näheres dazu konnten Sie bereits dem Kapitel über die Panama-*Boa c. imperator* entnehmen. Auf Seite 46 finden Sie ein Foto eines solchen Tieres.

2. Die „Salmon Hypos"

Bei den Sabogaboas finden sich überwiegend hypomelanistische Exemplare. Diese Veranlagung ist natürlich auch bei der aberranten Festlandsform (*Boa c. imperator* x *Boa c. sabogae* Hybriden) zu finden.

Ein weibliches Exemplar einer *Boa constrictor* aus Panama wurde durch eine Verpaarung mit einer männlichen *Boa c. imperator* aus Kolumbien Anfang der 90er Jahre zur „Urmutter" der in den USA gezüchteten „Salmon Hypo"-Boas.

Diese hypomelanistischen Mischlingsboas erfreuen sich aufgrund ihres ansprechenden Aussehens in den USA einer großen Beliebtheit. Manche Exemplare sind von reinrassigen Pearl Island-Boas nicht zu unterscheiden.

Es lässt sich heute nicht mehr klären, ob es sich bei dem Weibchen aus Panama um eine Sabogaboa oder um eine Hybrid-Boa vom Festland gehandelt hat.

Da wir gerade bei den „Salmon Hypos" sind: Der erste Versuch, solche aus den USA importierten Tiere hierzulande als reinrassige *Boa c. sabogae* zu vermarkten, hat bereits stattgefunden. Die Sache ging zwar aufgrund der ungeschickten Durchführung daneben, aber wir sind sicher, es wird nicht der letzte Versuch in diese Richtung gewesen sein.

Es besteht kein Zweifel, dass die seltenen und begehrten *Boa c. sabogae* mittlerweile auch unseriöse Leute in der Terraristikszene auf den Plan gerufen haben. Das wird schon an der Tatsache deutlich, dass im März 2005 in einem Boa-Forum im Internet über Flugtickets nach Panama und Hotelrechnungen diskutiert wurde, die als Beweis für die Echtheit von eingeschmuggelten Pearl Island-Boas herhalten sollten.

Ganz abgesehen davon, dass die Sache hier ins Kriminelle abdriftet, wäre mit so etwas der Nachweis, dass die Tiere von den Pearl Islands stammen und nicht vom Festland, auch nicht erbracht.

Behauptungen zählen nicht! Was zählt sind einzig und allein Beweise. Deshalb trifft hier in besonderem Maße zu, was auch bei allen anderen reinrassigen *Boa constrictor*-Unterarten Gültigkeit hat: Die Herkunft der Tiere muss sich lückenlos bis ins Verbreitungsgebiet zurückverfolgen lassen. Im Falle der Sabogaboas durch entsprechende Dokumente, und nicht durch Schmuggelstorys oder Reinrassigkeitsbeteuerungen.

Wer Sabogaboas ohne eine durch Aus- und Einfuhrdokumente gesicherte Herkunft erwirbt, geht das Risiko ein, eine Salmon Hypo-Boa, eine Hybrid-Boa vom Festland Panamas oder irgendeine andere Mischlingsboa zu bekommen.

Dabei muss der Verkäufer nicht einmal böswillig sein. Auch er könnte bereits beim Erwerb seiner Tiere über den Tisch gezogen worden sein.

Wer es bei der „Ahnenforschung“ aus Leichtgläubigkeit oder welchen Gründen auch immer nicht so genau nimmt, sollte sich dessen bewusst sein, dass die Nachzuchten einer „unbewiesenen“ Blutlinie niemals denselben Marktwert erreichen werden wie die lückenlos dokumentierte Wildfang-Blutlinie der *Boa c. sabogae* aus dem Serpentarium in Costa Rica.

Wohlgemerkt: Die Rede ist von Nachzuchten aus der Wildfang-Blutlinie! Man sollte immer nachforschen, ob es sich bei aus Costa Rica exportierten Sabogaboas um die unmittelbaren Abkömmlinge der Wildfänge vom Taboga-Inselkomplex handelt oder um die Nachzuchten des Privatzüchters.

Abb. 69: Auch die Pearl Island-Boas sind sehr variabel. Neben ausgeprägt hypomelanistischen Tieren gibt es auch wildfarbene und solche, die irgendwo dazwischen liegen, wie das Exemplar auf dem Foto. Nachdem was wir bisher an Aufnahmen von wildlebenden *Boa c. sabogae* gesehen haben, könnte diese Farbvariante sogar die häufigste in der freien Wildbahn sein.

Foto: H +E Stöckl

Boa c. ortonii (COPE, 1878)
Trivialname: „Ortons-Boa“

Hinweis: Alternative Meinung siehe Kapitel „*Boa c. ortonii = Boa c. longicauda?*“
Verbreitungsgebiet: Äußerster Süden der Provinz Tumbes, Peru, bis zu den gebirgigen Regionen von La Libertad. Die östliche Grenze ist Cajamarca.

Geschätzte durchschnittliche Länge geschlechtsreifer Weibchen: ca. 200 cm. Das bisher größte gefangene Tier hatte eine Länge von 2,8 m.

Taxonomischer Status: Anerkannte CITES-Unterart, jedoch von manchen Autoren (STULL, LANGHAMMER) lediglich als Synonym für *Boa c. imperator* abgetan.

Abb. 70: Peru
Karte: University of Texas Libraries

Boa c. ortonii ist zweifellos diejenige Abgottschlangen-Unterart, über die man am wenigsten weiß und bei der die Beschreibungen der Taxonomen am weitesten auseinander gehen.

Hier ein Beispiel: Nach den Angaben von PRICE & RUSSO besitzt die Ortons-Boa zwischen 15 und 19 Sattelflecken.

In der Beschreibung von COPE hingegen findet sich für die Ortons-Boa die stattliche Anzahl von 29 Sattelflecken. Das stimmt jedoch auch nicht ganz, da wir schon Bilder von Exemplaren mit 30 Sattelflecken gesehen haben (bestätigt auch durch KOCH 2006).

Das ist eine gute Gelegenheit, auf eine Schwachstelle der Taxonomie hinzuweisen: Die Beschreibung einer Unterart, in die neben dem Aussehen der entsprechenden Tiere auch die Anzahl der Schuppen, Schilde, Sattelflecken usw. einfließen, basiert immer nur auf einer relativ geringen Anzahl von untersuchten Exemplaren.

Dorsale Schuppenreihe	Bauchschilde	Schwanzschilde	Anzahl Sattelflecken
57–72 (LANGHAMMER 1983)	**246–252** (LANGHAMMER 1983) **243–253** (COPE, 1878) **228–261** (KOCH 2006)*	**46–59** (LANGHAMMER 1983) **42–59** (COPE 1878) **31–66** (KOCH 2006)*	**15–19** (PRICE & RUSSO 1991) **29** (COPE 1878) **22–30** (Koch 2006)*

* *unveröffentlichte Diplomarbeit*

Aus diesem Grund stehen wir der Methode des „Schuppen- und Sattelfleckenzählens“ zur Bestimmung der Unterart einer *Boa constrictor* eher skeptisch gegenüber.

Doch zurück zu den Ortons-Boas. Bis zum Ende des 20. Jahrhunderts wurde angenommen, dass es sich bei den gelblichen, rotschwänzigen Tieren, die vereinzelt aus Peru exportiert wurden, um *Boa c. ortonii* handelt. Selbst die zoologische Staatssammlung in München lieferte auf unsere Anfrage damals entsprechendes Bildmaterial, welches diese Einschätzung bestätigte.

Wir verdanken es dem leider im Jahr 2004 verstorbenen Dr. Omar Pesantes Segura, Zoologe im Tierpark CER Huachipa, Lima/Peru, dass dieser Irrtum ausgeräumt werden konnte und jetzt etwas mehr Klarheit herrscht. Dr. Omar Pesantes Segura hatte im Jahr 2001 Feldstudien über *Boa c. ortonii* durchgeführt und uns freundlicherweise Informationen zu diesen Tieren sowie Fotomaterial übermittelt.

Wie sich nun herausstellte, handelt es sich bei den bisher in der Terraristik bekannten peruanischen Boas mit der gelblichen Grundfärbung und den roten Schwänzen in Wirklichkeit um *Boa c. constrictor*.

Die Ortons-Boa hingegen ist der Imperator-Gruppe zuzurechnen, was schon aus der Optik dieser Tiere eindeutig hervorgeht. Die Grundfärbung ist meist bräunlich oder grau. Die Sattelflecken sind relativ breit und zeigen teilweise Ausbuchtungen in der Mitte („widows peaks“).

Was wir mittlerweile an Bildmaterial zu sehen bekommen haben, lässt den Schluss zu, dass *Boa c. ortonii* in ihrem Aussehen relativ variabel ist. Manche

Abb. 71: *Boa c. ortonii*, aufgenommen im privaten Naturschutzreservat Chaparrí in Peru, 40 km östlich der Küstenstadt Chiclayo am Fuße der Anden.

Foto: Claudia Koch

Abb. 72: Diese peruanischen Abgottschlangen wurden lange Zeit für *Boa c. ortonii* gehalten. Inzwischen weiß man, dass es sich bei diesen Tieren um *Boa c. constrictor* handelt.

Foto: H + E Stöckl

Exemplare weisen eine deutliche Ähnlichkeit mit jenen Tieren auf, die in der Terraristik als *Boa c. longicauda* bekannt sind. Mehr dazu im übernächsten Kapitel.

Normalerweise leben die *Boa c. ortonii* im Trockenwald. Aufgrund der exzessiven Rodung der Wälder werden diese Tiere jedoch immer mehr gezwungen, auch in die gebirgigen Regionen von La Libertad und Cajamarca auszuweichen. In einigen Regionen steht *Boa c. ortonii* in direkter Nahrungskonkurrenz zu *Epicrates cenchria* ssp.

Nach COPE (1877) werden die Ortons-Boas noch in Höhenlagen von über 900 m gefunden. Im Winter muss die Trockenwald-Population von *Boa c. ortonii* sehr niedrige Temperaturen von etwa 8 bis 17 °C aushalten. Während dieser Periode ist sie inaktiv. Die Ortons-Boas kommen mit einer geringeren Luftfeuchtigkeit aus als andere Abgottschlangen-Unterarten und sind in der Lage, große Temperaturschwankungen auszuhalten. *Boa c. ortonii* ernährt sich von Nagetieren, Vögeln, Echsen, Fröschen und Leguanen sowie von Eichhörnchen.

Sie ist die am weitesten südwestlich vorkommende *Boa constrictor*. Noch mehr zum Thema *Boa c. ortonii* können Sie im Anhang dieses Werks lesen.

Abb. 73:
Die bisher vorliegenden Fotos der Ortons-Boa lassen den Schluss zu, dass diese seltene Unterart in ihrem Aussehen sehr variabel ist.

Foto:
Dr. Omar Pesantes Segura

Boa c. longicauda
(PRICE & RUSSO, 1991)
Trivialname:
„Langschwanzboa;
Tumbes-Boa"
Hinweis: Alternative Meinung siehe Kapitel „*Boa c. ortonii = Boa c. longicauda?*"
Verbreitungsgebiet: Provinz Tumbes, Peru.

Geschätzte durchschnittliche Länge geschlechtsreifer Weibchen: ca. 200 cm.

Taxonomischer Status: Unterartstatus umstritten; keine anerkannte CITES-Unterart

Diese Unterart wurde erst 1991 von Robert Price und Paul Russo beschrieben, hat jedoch in der Terraristik sehr schnell ihren Siegeszug angetreten, da diese Tiere zum Prächtigsten gehören, was *Boa constrictor* zu bieten hat.

Auffälligstes Merkmal ist die Zeichnung am Kopf. Auf der Oberseite mittig verläuft eine dicke, dunkelgraue bis schwarze, speerspitzenförmige Linie, teilweise mit Ausläufern zu den Augen. Auch die Voraugenschilder sind dick und dunkelgrau oder schwarz. Durch diese Zeichnung erinnern die Langschwanzboas an Indianer mit Kriegsbemalung. Bei kaum einer anderen Unterart findet sich eine derart markante Kopfzeichnung.

Bemerkenswert ist, dass sich die markante Zeichnung der Longicaudas erst im zweiten Lebensjahr zu entwickeln beginnt. Oft dauert es drei bis vier Jahre, bis sich die Tiere komplett umgefärbt haben. Jungtiere der Langschwanzboas sind (vornehm ausgedrückt) völlig unscheinbar und lassen in keiner Weise ihre spätere Pracht erahnen.

Die Behauptung von PRICE & RUSSO (1991), dass *Boa c. longicauda* im Verhältnis zur Körpergröße den längsten Schwanz aller Boa-Unterarten

Abb. 74:
Boa c. longicauda ist eine der variabelsten Abgottschlangen-Unterarten. Dieses halbwüchsige Exemplar der gelbschwarzen Variante ist dabei, die markante Zeichnung der adulten Exemplare zu entwickeln.
Foto: H + E Stöckl

Dorsale Schuppenreihe	Bauchschilde	Schwanzschilde	Anzahl Sattelflecken
60–76 (PRICE & RUSSO 1991)	**243–247** (PRICE & RUSSO 1991)	**60–67** bei Männchen (PRICE & RUSSO 1991) **50–54** bei Weibchen (PRICE & RUSSO 1991)	**19–21** (PRICE & RUSSO 1991)

Abb. 75:
Der intensive schwarz-weiße oder schwarz-gelbe Farbkontrast ist neben der exotischen Kopfzeichnung der Grund, warum die *Boa c. longicauda* zu den begehrtesten Abgottschlangen gehört.

Foto: H + E Stöckl

hat, wurde inzwischen von Philippe de Vosjoli widerlegt. De Vosjoli ist Autor zahlreicher Fachbücher über Reptilien sowie der Herausgeber des Magazins „The Vivarium". Er hat sich sehr viel mit *Boa c. longicauda* beschäftigt.

Die Tumbes-Boa ist, was die Grundfärbung betrifft, sehr variabel. Es gibt neben den häufig anzutreffenden relativ unscheinbaren dunkelbraunen Vertretern dieser Unterart auch blau-graue, goldgelbe, sandfarbene und sogar silbrig-weiße Exemplare. Allen zu Eigen sind jedoch die pechschwarze Kopf- und Sattelfleckenzeichnung, sowie die goldfarbenen Bereiche in der Schwanzgegend.

Als Kopfzeichnung findet sich sowohl die „Speerspitze" als auch das „Imperatorkreuz".

Bei den Tieren mit einer silbrigweißen Grundfärbung handelt es sich um anerythristische Exemplare. Diese genetische Eigenschaft ist nur in den Blutlinien der US-Amerikaner Bill Edelbrock und Joel Rosen vertreten.

Die ersten Langschwanzboas, die nach Europa gelangten, wurden 1997 von uns aus den USA eingeführt. Diese Exemplare stammten aus der Bill Edelbrock-Linie und sorgten 1999 für die ersten Nachzuchten außerhalb des amerikanischen Kontinents.

Bill Edelbrock verlor übrigens im Jahr 1999 seinen gesamten Schlangenbestand durch einen Unfall mit Pestiziden und gab danach sein Hobby auf.

Boa c. longicauda zählt sowohl in Europa als auch in den USA immer noch zu den seltenen Unterarten der Abgottschlange.

Abb. 76: *Boa c. longicauda*-Babys sehen sehr unscheinbar aus. Sie lassen in keiner Weise ihr späteres prächtiges Aussehen vermuten. Es bedarf Erfahrung mit diesen Tieren um die spätere Färbung einschätzen zu können. Das Exemplar auf dem Foto wird in einigen Jahren gelb-schwarz gefärbt sein.

Abb. 77: Noch ist die farbliche Entwicklung bei dieser halbwüchsigen Langschwanzboa nicht abgeschlossen. In einigen Jahren wird das Tier mit einer leuchtend gelben Färbung und pechschwarzem Zeichnungsmuster brillieren. Foto: H + E Stöckl

Boa c. ortonii = Boa c. longicauda?

In dem Werk **„Boa constrictor"** von Dr. Hubert Bosch wird davor gewarnt, die Ortons-Boa als Terrarientier zu halten, weil sie aufgrund ihrer besonderen klimatischen Ansprüche ein heikler Pflegling sei.

Hierzu ist zu sagen, dass wir weltweit niemanden kennen und auch noch nie von jemanden gehört haben, der eine *Boa c. ortonii* als Terrarientier hält oder gehalten hat.

Die Ortons-Boa ist als Terrarientier schlicht und einfach nicht existent. Woher kommt das?

Die Antwort auf diese Frage könnte lauten, dass *Boa c. ortonii* in der Terraristik sehr wohl existiert, aber bisher nicht als solche erkannt wurde.

Damit sind wir bei den Leuten die behaupten, *Boa c. longicauda* sei nichts anderes als die nördliche Variante von *Boa c. ortonii*.

Abb. 78: Die schwarz-weiße (anery-thristische) Variante von *Boa c. longicauda* ist extrem selten. Nur in den Blutlinien von Bill Edelbrock und Joel Rosen sind solche Tiere zu finden. Foto: H + E Stöckl

Abb. 79: Prof. Dr. Jonathan Campbell und Professor William W. Lamar, Biologen an der Universität von Texas mit großer Erfahrung in der Feldherpetologie, gehen davon aus, dass *Boa c. ortonii* nicht nur im Westen von Peru, sondern auch in der Provinz Loja in Ecuador vorkommt. Foto: William W. Lamar/ GreenTracks, Inc.

Abb. 80:
Dass Price und Russo bei ihrer Angabe der Sattelfleckenzahl für *Boa c. ortonii* etwas daneben lagen, beweist diese Aufnahme. Diese Ortons-Boa wurde von dem peruanischen Herpetologen Dr. Omar Pesantes Segura in der Wildnis der Provinz Cajamarca / Peru fotografiert.
Foto:
Dr. Omar Pesantes Segura

Abb. 81:
Ein weiteres Beispiel für eine anerythristische *Boa c. longicauda*.

Foto:
H + E Stöckl

In dem Buch **„The Venomous Reptiles Of The Western Hemisphere Vol. II“** von Prof. Dr. Jonathan Campbell und Professor William W. Lamar, Biologen an der Universität von Texas, mit großer Erfahrung in der Feldherpetologie, findet sich eine Abbildung von einer *Boa c. ortonii* aus der Provinz Loja/Ecuador.

Campbell und Lamar gehen also davon aus, dass diese Unterart nicht nur im Westen von Peru, sondern auch in der Provinz Loja/Ecuador vorkommt.

Es fällt auf, dass das abgebildete Tier von einer *Boa c. longicauda* optisch kaum zu unterscheiden ist. Es zeigt lediglich eine größere Anzahl an Sattelflecken.

Hierzu ist zu sagen, dass die von PRICE & RUSSO (1991) für *Boa c. longicauda* angegebene Anzahl der Sattelflecken (bis 21) ohnehin nicht haltbar ist, wie sich mittlerweile gezeigt hat. Bei Langschwanzboas der Blutlinie des US-Züchters Don Hamper sind 25 und mehr Sattelflecken keine Seltenheit.

Ein weiteres Beispiel ist das Foto einer *Boa c. ortonii*, aufgenommen von Dr. Omar Pesantes Segura in der Provinz Cajamarca, Peru. Auch hier ist eine deutliche Ähnlichkeit mit *Boa c. longicauda* festzustellen, obwohl Cajamarca etwa 320 km von der Provinz Tumbes entfernt ist.

Interessant ist in diesem Zusammenhang, dass sich die Erstbeschreibung von *Boa c. longicauda* durch PRICE & RUSSO (1991) auf insgesamt 20 Tiere (10 Männchen, 10 Weibchen) stützt, die allesamt aus Importlieferungen (!) stammten (Vincent Russo, pers. Mitteilung).

In dieser Erstbeschreibung ist die Rede davon, dass alle untersuchten Tiere aus der Provinz Tumbes stammen. Hier ist jedoch Skepsis angebracht, denn Importeure kennen in der Regel nur das Herkunftsland der eingeführten Tiere, nicht jedoch die genaue Örtlichkeit, wo diese gefangen wurden.

Die Erstbeschreibung von *Boa c. longicauda* ist also mit dem Makel behaftet, dass keines der untersuchten Exemplare von den Autoren selbst gefangen wurde. PRICE & RUSSO haben die Provinz Tumbes aufgrund der unsicheren Lage dort nie betreten!

Zudem steht die taxonomische Abgrenzung der *Boa c. longicauda* zu *Boa c. ortonii* auf wackligen Füssen, da sich PRICE & RUSSO auch nicht die Mühe gemacht haben, den immer noch in der Academy of Natural Sciences of Philadelphia vorhandenen Holotypus der *Boa c. ortonii* zu Vergleichszwecken zu untersuchen (Professor William W. Lamar, pers. Mitteilung).

Die von den Autoren behauptete komplette Isolation von *Boa c. longicauda* durch Anden-Kordilleren im Süden, Osten und Norden ist ebenfalls nicht gegeben, wie topografische Aufnahmen dieser Region beweisen. Insofern kann nicht ausgeschlossen werden, dass der küstennahe Mangrovenwald der Provinz Tumbes/Peru und die Provinz Loja/Ecuador die nördliche Grenze des Verbreitungsgebiets von *Boa c. ortonii* darstellen.

Wir tendieren doch eher dazu, *Boa c. longicauda* als eigene Unterart anzusehen, da der Nachweis, dass sich das Verbreitungsgebiet von *Boa c. ortonii* soweit nach Norden erstreckt, bisher nicht erbracht wurde.

Boa c. sigma **(Smith, 1943)**
Trivialname: „Sigma-Boa“
Verbreitungsgebiet: Tres Marias-Inseln

Geschätzte durchschnittliche Länge geschlechtsreifer Weibchen: unbekannt

Taxonomischer Status: Keine anerkannte Unterart, wird von den meisten Taxonomen als Inselform von *Boa c. imperator* eingeordnet

Die Tres Marias-Inseln (Islas Tres Marías) gehören zum mexikanischen Bundesstaat Nayarit. Sie liegen zwischen dem 21. und 22. nördlichen Breitengrad, etwa 70 km vor der Pazifikküste Mexikos.

Der Archipel besteht aus den Inseln María Madre (227 km^2 groß), María Magdalena (128 km^2 groß) und María Cleofas (44 km^2 groß) sowie einem kleinen Eiland namens San Juanito.

Nach ihrer Entdeckung durch Hernán Cortés benutzten Piraten die Inseln Jahrhunderte lang als Unterschlupf.

Es mutet wie eine Ironie des Schicksals an, dass diese Eilande nun genau den gegenteiligen Zweck erfüllen. Seit 1919 dienen sie nämlich der Republik Mexiko als Strafkolonie („Colonia Penal Federal de las Islas Marías“).

Es ist streng verboten, die Gefängnisinseln ohne Genehmigung der Behörden zu betreten. Die einzige Möglichkeit auf eines der Eilande zu gelangen wäre, es auf illegale Weise per Privatflugzeug oder Boot zu versuchen. Kein ungefährliches Unterfangen, wie man sich denken kann.

Dorsale Schuppenreihe	Bauchschilde	Schwanzschilde	Anzahl Sattelflecken
77 (LANGHAMMER 1983)	**253–260** (LANGHAMMER 1983)	**55–60** (LANGHAMMER 1983)	**30** (ZWEIFEL 1960)

Abb. 82:
Islas Marias
Karte entnommen der CD ISBN 3-8032-1782-2 © 2006 United Soft Media, München

Die Tres Marias-Inseln sind reich an exotischer Fauna und Flora. Mehrere Tierarten, wie der Tres Marias-Waschbär (*Procyon insularis*), das Tres Marias-Baumwollschwanzkaninchen (*Sylvilagus graysoni*), die Mausohrart *Myotis findleyi*, sowie die Sigma-Boa gibt es nur dort.

Es sei dahin gestellt, ob die geographisch isolierten Abgottschlangen auf den Tres Marias-Inseln sich genetisch weit genug von *Boa c. imperator* entfernt haben, um ihre Einstufung als eigene Unterart zu rechtfertigen.

Der Literatur zufolge liegt die Anzahl der ventralen Bauchschilder von *Boa c. sigma* über der Variationsbreite, die für die Kaiserboas gilt. Damit sind aber die Unterschiede auch schon alle aufgezählt, mehr gibt es nämlich nicht.

Angesichts dessen ist es kein Wunder, dass die Mehrzahl der Taxonomen – ZWEIFEL (1960), STIMSON (1969), PETERS & OREJAS-MIRANDA (1970) und LANGHAMMER (1983) – den Unterartstatus von *Boa c. sigma* nicht anerkennt, sondern sie in die Synonymie von *Boa c. imperator* verbannt. Lediglich STULL (1963) und SMITH (1963) bestehen auf den Unterartstatus für diese Inselform.

In neueren Publikationen (OBST, RICHTER & JAKOB 1988, COBURN 1991) werden Sigma-Boas gar nicht mehr erwähnt. Auch im Washingtoner Artenschutzübereinkommen wurden sie nicht berücksichtigt.

Da die Islas Tres Marías Sperrgebiet sind kann kein Feldherpetologe dorthin, um die dortige Population eingehend zu untersuchen. Daher weiß man nicht einmal genau, ob diese Abgottschlangen in ihrem natürlichen Habitat überhaupt noch vorkommen oder ob sie schon ausgerottet wurden. Die Islas Tres Marías gehören zwar offiziell zu den 58 von der Regierung ausgewiesenen Biosphären Naturschutzgebieten Mexikos, doch diese existieren größtenteils nur auf dem Papier.

Erwähnenswert ist noch, dass in der Anfangszeit der Hog Island Boa-Importe diese Tiere gelegentlich als „Sigma-Boas“ vermarktet wurden. Sogar entsprechende CITES-Bescheinigungen wurden von den Behörden ausgestellt.

Natürlich haben die beiden Inselformen überhaupt nichts miteinander zu tun, was schon durch die Tatsache deutlich wird, dass die Hog Island-Boas von der Atlantikseite Mittelamerikas stammen und die Sigma-Boas von der Pazifikseite.

Bleibt noch die Frage offen, wie diese Tiere überhaupt aussehen. Unser Züchterkollege Olaf Schal hat uns dankenswerterweise ein Foto zur Verfügung gestellt, das Mitte der 90er Jahre in den USA aufgenommen wurde. Bei dem abgebildeten Tier handelt es sich um eine Sigma-Boa, die auf den Tres Marias-Inseln der Wildnis entnommen wurde und in einem Zoo in den USA ihr neues Zuhause fand. Leider ist das Foto von minderer Qualität, aber es ist trotzdem deutlich zu erkennen, dass die Sigma-Boas eine große Ähnlichkeit mit der hellen Variante der Mexiko-*Boa c. imperator* aufweisen. Man könnte sogar sagen: optisch ist kein Unterschied festzustellen.

Abb. 83: Zwischen der Sigma-Boa und der Cancun-Variante der *Boa c. imperator* aus Mexiko besteht optisch so gut wie kein Unterschied – wie dieses Foto einer *Boa c. sigma* belegt.

Foto: Olaf Schal

II. Die Constrictor-Gruppe

Boa c. constrictor
(LINNAEUS, 1758)
Trivialname: „Rotschwanzboa"

Verbreitungsgebiet: Bolivien, Brasilien, Kolumbien, Ecuador, Französisch Guyana, Guyana, Peru, Surinam, Trinidad und Tobago, Venezuela

Geschätzte durchschnittliche Länge geschlechtsreifer Weibchen:
ca. 190–220 cm

Taxonomischer Status: Anerkannte CITES-Unterart

Bei *Boa c. constrictor* handelt es sich um diejenige Erscheinungsform der Abgottschlangen, die der namengebenden Erstbeschreibung zugrunde liegt, also die so genannte Nominatform.

Allein die Aufstellung der Länder, in denen *Boa c. constrictor* vorkommt zeigt schon, dass es sich hier um eine Unterart mit einem riesigen Verbreitungsgebiet handelt.

Daher ist es auch kein Wunder, dass sich diese Subspezies – ebenso wie *Boa c. imperator* – durch eine enorme Variabilität auszeichnet.

Es kann getrost davon ausgegangen werden, dass wir in der Terraristik nur einen kleinen Teil der Farb- und Zeichnungsvarianten von *Boa c. constrictor* kennen, die in der Natur existieren. Aufgrund der fortschreitenden Zerstörung des Regenwaldes in Amazonien werden wir wohl auch nicht mehr die Gelegenheit erhalten, hier noch wesentliches zu Tage zu fördern, bevor es endgültig zu spät ist.

In der Terraristik erfreuen sich die *Boa c. constrictor* aufgrund ihrer meist leuchtend roten Schwanzfärbung großer Beliebtheit. Die Liebhaber von Abgottschlangen haben für diese Tiere den Ausdruck „Rotschwanzboas" geprägt.

Auch die fledermausförmige Sattelfleckenzeichnung (im Englischen „widows peaks" genannt) trägt zu der großen Popularität dieser Unterart bei.

Dorsale Schuppenreihe	Bauchschilde	Schwanzschilde	Anzahl Sattelflecken	Ausdehnung der Hemipenes in Subcaudalia
81–95 (BOULENGER 1893) **85–89** (STULL 1932) **81–87** (LANGHAMMER 1983) **91–95** (CHIPPAUX 1986) **75–91** (LANCINI & KORNACKER 1989)	**234–243** (BOULENGER 1893) **234–250** (STULL 1932) **227–248** (LANCINI & KORNACKER 1989)	**49–60** (BOULENGER 1893) **49–62** (STULL 1932) **52–60** (LANCINI & KORNACKER 1989)	**15–20** (BOULENGER 1893) **20–21** (LANGHAMER 1983) **16–20** (LANCINI & KORNACKER 1989)	**27** (PRICE & RUSSO 1991)

Allerdings ist einschränkend zu sagen, dass *Boa c. constrictor* in manchen Verbreitungsgebieten keinen roten, sondern einen braunen oder dunkelbraunen Schwanz hat und auch die Sattelfleckenzeichnung variieren kann. Beispielsweise findet sich bei Abgottschlangen aus Peru und manchmal auch bei Tieren aus Surinam eine sanduhrförmige Sattelfleckenzeichnung.

Die am häufigsten in der Terraristik gepflegten Vertreter der Nominatform kommen aus Surinam und den Guyanas. Die *Boa c. constrictor* aus dieser Region haben zweifellos den höchsten Rotanteil im Schwanzbereich.

Daher ist es kein Wunder, dass die „Surinam- und Guyana-Rotschwanzboas" unter den Liebhabern von Abgottschlangen beinahe schon Kultstatus besitzen.

Weil das so ist, wollen wir bei unserer geographischen Aufgliederung gleich mit dieser Region beginnen.

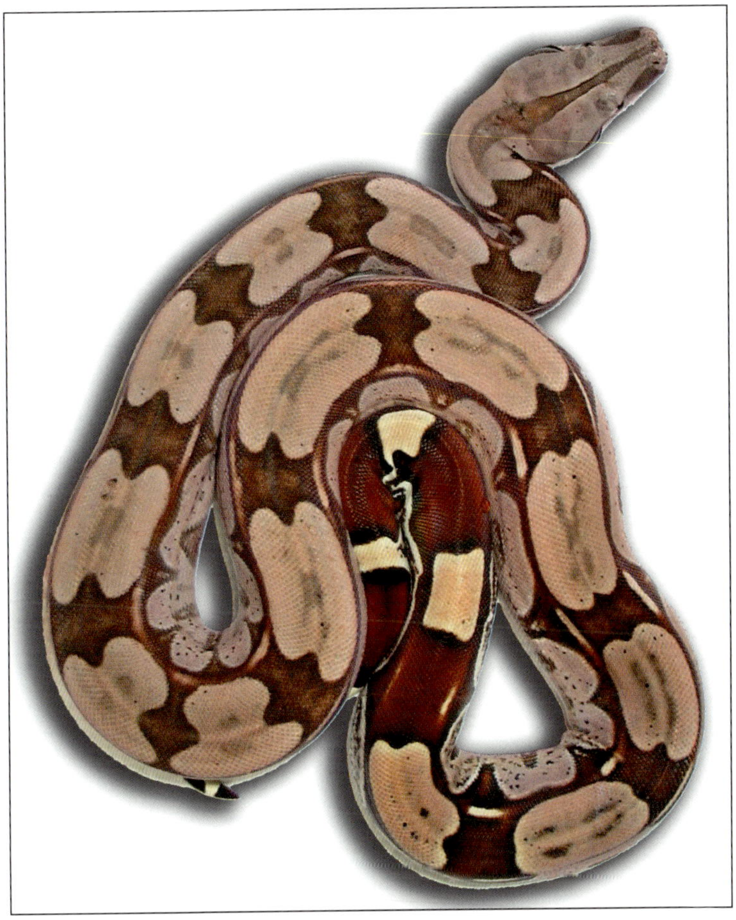

Abb. 84: Unsere „Mrs. Perfect" ist ein Wildfang und stammt aus der Region Pokigron in Surinam. Die Behauptung, dass dort die schönsten und farbenprächtigsten Surinam-Rotschwanzboas vorkommen, ist angesichts dieses Tieres schwer zu widerlegen.

Foto: H + E Stöckl

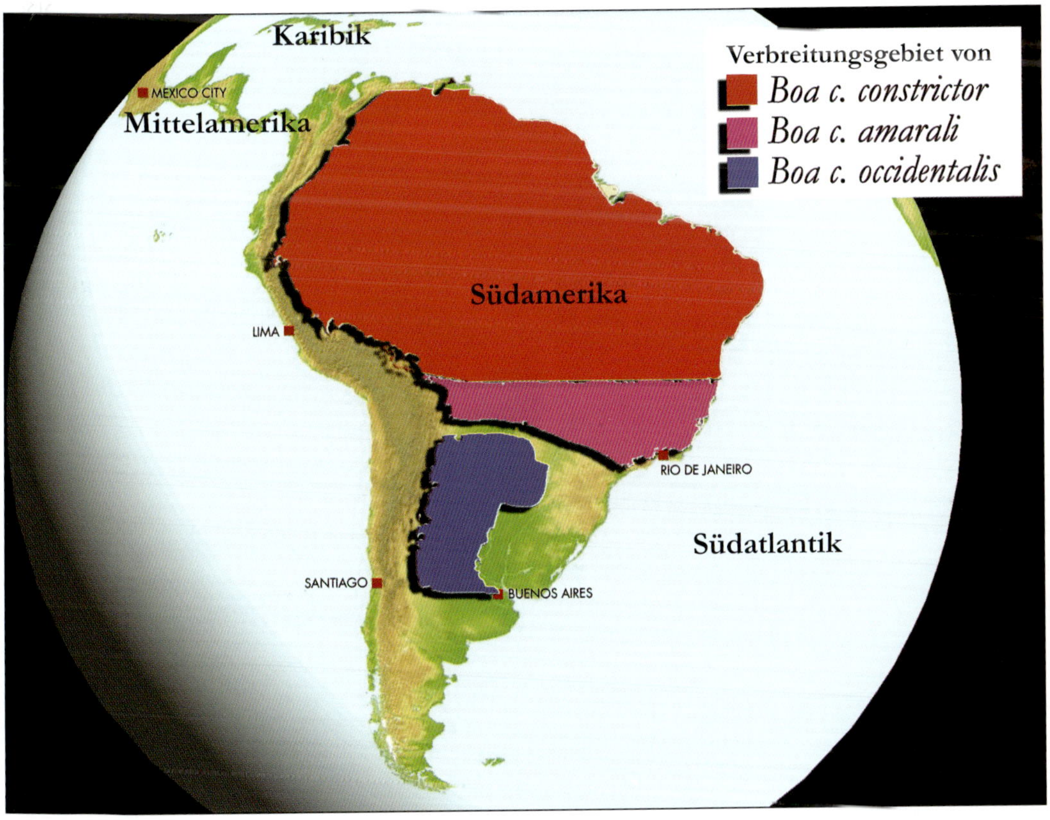

Abb. 85: Verbreitungsgebiet der Constrictor-Gruppe
Karte entnommen der CD ISBN 3-8032-1782-2 © 2006 United Soft Media, München

Boa c. constrictor – Surinam, Guyana, Französisch Guyana

Die Landfläche von Surinam ist zu 90% von Regenwald bedeckt. Aber auch Grasland und hügelige Regionen mit der dafür typischen Vegetation sind zu finden.

Der Norden besteht aus einer mit Sümpfen durchsetzten, bis zu 80 km breiten Küstenebene. In der Mitte des Landes erstrecken sich weite Savannen, Dünenlandschaften und bewaldete Gebiete. Der Süden bietet eine dicht bewaldete Berglandschaft mit Erhebungen von bis zu 1.280 m ü. NN Höhe.

Abb. 86: Die kräftig rote Schwanzfärbung und fledermausförmige Sattelfleckenzeichnung machen die *Boa c. constrictor* zu begehrten Terrarientieren. Die genannten Vorzüge sind bei diesem Wildfang-Weibchen aus Guyana sehr schön zu sehen. Foto: H + E Stöckl

Abb. 87: Dieses weibliche Exemplar einer *Boa c. constrictor* entspricht voll dem Klischee der Guyana-Rotschwanzboa und stammt auch von dort. Dennoch könnte das Tier genauso gut aus Surinam oder dem Norden Brasiliens sein, da Abgottschlangen nur durch natürliche Barrieren, aber nicht durch politische Grenzen an ihrer Verbreitung gehindert werden. Foto: Vladimir Kueper

Surinam und die Guyanas weisen ein tropisches Klima mit Durchschnittstemperaturen zwischen knapp 23 °C (nachts) und 32 °C (tagsüber) auf. Die lange Regenzeit dauert von April bis Juli, mit den höchsten Niederschlagsmengen im Mai und Juni; die kürzere von Dezember bis Januar.

Surinam und Guyana sind nach unserem Kenntnisstand die einzigen Staaten, die noch den Export von der Natur entnommenen *Boa constrictor* erlauben. Die Ausfuhr erfolgt jeweils über die Hauptstädte Paramaribo oder Georgetown.

Französisch Guyana ist französisches Staatsgebiet und gehört daher zur EU. In der Terrarienhaltung finden sich so gut wie keine Abgottschlangen aus dem kleineren der beiden Guyanas. Die *Boa c. constrictor* dort dürften sich aber kaum von den Tieren aus Surinam oder Guyana unterscheiden.

Lange Zeit (und teilweise auch heute noch) wurde in der Terraristik zwischen *Boa c. constrictor* aus den Verbreitungsgebieten Surinam und Guyana unterschieden. Das eine waren die „Surinam Rotschwanzboas", das andere die „Guyana Rotschwanzboas".

Auch Dr. Hubert Bosch vertrat in seiner Monografie **„Boa constrictor"** die Meinung, dass Tiere mit lilafarbenen Flanken wahrscheinlich auf (Britisch) Guyana beschränkt seien und jene mit rosafarbenen Flanken aus Surinam kommen. Dr. Bosch versah diese Einschätzung noch mit der Einschränkung: „Wenn die Herkunftsdaten stimmen". Diese stimmen zu einem großen Teil nicht – wie wir heute wissen.

Zur Aufklärung maßgeblich beigetragen hat Lawrence van Sertima, ein heute fast 70-jähriger Reptilienhändler, der in Guyana geboren und aufgewachsen ist und jetzt in den USA lebt.

Er berichtete, dass Anfang der 90er Jahre die „Peoples Progressive Party" in Guyana an die Macht kam. Der neue Präsident, Dr. Cheddy Jagan, untersagte kurz nach seiner Amtsübernahme den Handel mit wildlebenden Tieren, um sich als Umweltschützer vor allem auch gegenüber den USA zu profilieren.

Die Reptilienhändler Guyanas gaben ihr Geschäft jedoch nicht auf, sondern verlegten es nach Surinam. Zur gleichen Zeit brachten die Trapper (Schlangenfänger), die nach wie vor ihre Familien ernähren mussten ihre Tiere über den Courantyne-Fluss nach Surinam, um sie dort zu verkaufen. So fiel der traditionelle Markt an den Konkurrenten Surinam, der plötzlich zum führenden Exporteur von „Rotschwanzboas" wurde.

Als Guyana den Handel wieder öffnete, hatte es den Anschluss verloren und die Surinam-Boa war der große Renner in der Terraristik geworden.

Lawrence van Sertima führte weiterhin aus, dass er im Laufe seiner Tätigkeit als Reptilienhändler eine immense Vielfalt von Farb- und Zeichnungsvarianten der Rotschwanzboa zu Gesicht bekommen habe. Und nicht selten waren höchst unterschiedlich aussehende Tiere vom selben Trapper in derselben Gegend gefangen worden. Er berichtete auch darüber wie amüsiert er gewesen sei, als ihm ein junger Mann in den USA den Unterschied zwischen Surinam- und Guyana-Rotschwanzboas erklärte, während dieser eine Lieferung auseinander sortierte, die in Wirklichkeit komplett von Sertimas Farm in Guyana stammte.

Der alte Reptilienhändler bestätigte eigentlich nur das, was Kenner der „Rotschwanzboa-Szene" schon lange wussten. Es gibt keinen Unterschied zwischen den Abgottschlangen aus Surinam und den Guyanas!

Abb. 88: In Pokigron/Surinam kommt eine besonders klein bleibende Variante von *Boa c. constrictor* vor. Diese Tiere erreichen kaum die 2m - Marke. Die geringe Größe und ihre schöne Färbung machen sie zu begehrten Terrarientieren.

Foto: H + E Stöckl

Abb. 89: **Surinam**, Verbreitungsgebiet der Pokigron-Rotschwanzboas, Karte: University of Texas Libraries, The University of Texas at Austin

Die Grenzen zwischen Surinam, Guyana und Französisch Guyana sind politische Grenzen, die willkürlich von Menschen gezogen wurden.

Surinam war bis 1975 eine niederländische Kolonie und hieß bis dahin niederländisch Guyana. Es gibt in diesem zusammenhängenden Gebiet (also Surinam, Guyana und Französisch Guyana) kein natürliches Hindernis, das *Boa c. constrictor* an der Ausbreitung hindern oder isolierte Populationen dieser Tiere hervorbringen könnte.

Vielmehr ist es so, dass sogar Abgottschlangen aus derselben Gegend höchst unterschiedlich aussehen können. Ein Beispiel dafür sind die Tiere aus der Region um das Dorf Pokigron südlich des Brokopondo-Staudammes in Surinam.

Dort gibt es *Boa c. constrictor* mit ausgeprägten „Fledermaus-Sattelflecken" und solche, bei denen die Sattelflecken sanduhrförmig sind. Wie wir anhand unserer Nachzucht 2006 feststellen konnten, tragen die Pokigron-Rotschwanzboas sogar die Veranlagung für beide Sattelflecken-Formen in sich. Wir waren ziemlich erstaunt, als der Nachwuchs unseres Pokigron Wildfangpärchens fast ausnahmslos mit „Fledermaussattelflekken" zur Welt kam, obwohl beide Elterntiere „Sanduhrsattelflecken" haben.

Noch ein paar Worte zu der Region um Pokigron: Diese Gegend ist deshalb für den *Boa constrictor* Liebhaber von Interesse, weil dort die hinsichtlich Färbung und Zeichnung attraktivsten Abgottschlangen des gesamten Verbreitungsgebiets (Surinam, Guyana und Französisch Guyana) gefunden werden. Diese Information erhielten wir von einem Insider, der mit einer Surinamesin verheiratet ist und in der Heimat seiner Frau regelmäßig Rotschwanzboas fängt, um sie zu exportieren.

Es bleibt abzuwarten, ob es auch in der Terraristik akzeptiert wird, dass es zwischen den Abgottschlangen aus Surinam, Guyana und Französisch Guyana keinen Unterschied gibt. Das Haupthindernis für eine solche Akzeptanz ist sicherlich die Schwierigkeit, für die Abgottschlangen aus den genannten Ländern einen gemeinsamen Trivialnamen zu finden, der ähnlich einprägsam ist wie „Surinam-Rotschwanzboa".

Boa c. constrictor – Brasilien

Die Landschaft Brasiliens lässt sich in drei Bereiche gliedern. Da ist einmal das kaum erschlossene Guyana-Bergland im Norden, dann das Amazonasbecken, das mehr als ein Drittel der Landesfläche Brasiliens einnimmt, und schließlich noch das brasilianische Bergland, welches mit einer Fläche von etwa fünf Millionen Quadratkilometern mehr als die Hälfte des Staatsgebietes umfasst.

In den nördlichen Landesteilen ist das Klima vorwiegend tropisch, nach Süden nimmt es subtropischen Charakter an.

Im Amazonasbecken, der Heimat unserer *Boa c. constrictor,* beträgt die jährliche Durchschnittstemperatur zwischen 27 °C und 32 °C und ist nur geringen tages- und jahreszeitlichen Schwankungen unterworfen.

Wir haben am Anfang dieses Kapitels geschrieben, dass in der Terraristik sicherlich nur ein geringer Teil der Farb- und Zeichnungsvarianten von *Boa c. constrictor* bekannt ist.

Es gibt nach unserer Einschätzung kein Land im Verbreitungsgebiet der Abgottschlangen, für das diese Aussage mehr gilt als für Brasilien.

Dieser Staat ist mit einer Fläche von 8.547.404 km^2 fast 24mal so groß wie die Bundesrepublik Deutschland. Das Verbreitungsgebiet der brasilianischen *Boa c. constrictor* erstreckt sich vom äußersten Norden des Landes über das Amazonasbecken in den Süden bis in den Bereich der Hauptstadt Brasilia (ca. 16. südlicher Breitengrad). Dort stellt die Serra dos Parecis ein natürliches Hindernis dar, das *Boa c. constrictor* von den südlich dieses Gebirgszuges lebenden *Boa c. amarali* trennt.

Brasilianische Rotschwanzboas sind in der Terraristik kaum zu finden. Der Grund hierfür ist, dass die dortige Regierung schon Anfang der 80er Jahre den Export von geschützten Tieren (von ganz wenigen Ausnahmefällen abgesehen) untersagte. Auch die private Haltung war bis vor kurzem nicht erlaubt.

Ab und zu haben aber doch Abgottschlangen in den Koffern von Touristen das Land verlassen. 1984 brachte ein bayerischer Tourist einige *Boa c. constrictor*-Babys, die er auf einem Markt in Bélem erstanden hatte, nach Deutschland. 1990 gelang ihm eine Nachzucht mit diesen Tieren. Es war ein relativ kleiner Wurf von 10 Boa Babys.

Abb. 90: Die schönsten und seltensten aller *Boa c. constrictor* kommen aus der Region von Bélem in Brasilien. Leider gelingt es nur selten Bélem-Boas nachzuzüchten. Foto: H + E Stöckl

Abb. 91: Aus Gründen der besseren Vermarktung werden brasilianische Rotschwanzboas nicht selten mit der Herkunftsbezeichnung „Belém“ versehen. Meist sind es jedoch keine „Bélem-Tiere“, sondern bestenfalls *Boa c. constrictor* aus anderen Regionen Brasiliens. Die Bélem-Varietät zeigt häufig eine elfenbeinfarbene („weiße“) oder strahlend gelbe Grundfärbung. Foto: H + E Stöckl

1992 klappte es dann nochmals. Danach verstarben die „importierten“ Elterntiere.

1996 schließlich kamen die ersten Jungen zur Welt, die von der 1990 geborenen F1-Generation stammten. Danach dauerte es zehn Jahre, bis erneut Tiere aus dieser Blutlinie zur Welt kamen.

In den USA werden zwar mehr Brasilianische Rotschwanzboas als in Europa gehalten, aber im Vergleich zu *Boa c. constrictor* aus Surinam und den Guyanas ist das auch nur eine verschwindend geringe Anzahl.

Stellt man die Größe des Verbreitungsgebiets der Anzahl der in der Terraristik gehaltenen Tiere gegenüber, so wird schnell klar, dass über die Farb- und Zeichnungsvarianten von brasilianischen *Boa c. constrictor* kaum etwas bekannt ist.

Fast alle Länder Südamerikas teilen mit Brasilien eine Außengrenze. In den meisten Fällen ist dies nur eine von Politikern gezogene Linie auf der Landkarte, aber kein natürliches Hindernis, welches die Verbreitung von *Boa constrictor* und anderen Tieren in den jeweiligen Grenzgebieten verhindern könnte. Die Brasilianischen Rotschwanzboas an der Grenze zu Surinam sehen anders aus als jene, die im Grenzgebiet zu Peru vorkommen. Dasselbe gilt für solche aus dem Grenzgebiet zu Kolumbien usw.

Touristen, die mehr oder weniger zufällig eine *Boa constrictor* in ihrem natürlichen Verbreitungsgebiet fotografieren und die Aufnahme später im Internet bei ihren Reisebeschreibungen veröffentlichen, stellen eine wichtige Informationsquelle dar. Da es so gut wie keine Feldstudien in diese Richtung

gibt, sind solche Aufnahmen die einzige Möglichkeit, mehr über die Varietäten der Abgottschlangen in den jeweiligen Gebieten zu erfahren.

Auf diese Art und Weise wurde bewiesen, dass es in der Gegend von Manaus in Brasilien *Boa c. constrictor* gibt, die sich optisch nicht von jenen aus Surinam und den Guyanas unterscheiden. Eine erstaunliche Tatsache wenn man bedenkt, dass Manaus etwa 500 km von der Grenze zu Guyana entfernt ist.

Mehr oder weniger stark ausgeprägte dunkle Zeichnungsmuster (bis hin zu zahlreichen schwarzen Sprenkeln) in den hellen Bereichen zwischen den Sattelflecken scheinen für die brasilianischen *Boa c. constrictor*, die noch weiter aus dem Landesinneren kommen, typisch zu sein.

In der Gegend von Bélem an der Atlantikküste Brasiliens leben Rotschwanzboas mit einer sehr hellen, fast elfenbein- oder ockerfarbenen Grundfärbung und einer gelegentlich aberranten Sattelfleckenzeichnung. Die Abgottschlangen aus dieser Region haben in der Terraristik den legendären Ruf der brasilianischen *Boa c. constrictor* als unschlagbare Schönheiten begründet.

Dass alle Brasilianischen Rotschwanzboas so prächtig aussehen, ist allerdings ein großer Irrtum. Wir haben da schon ausgesprochen unscheinbare (um es zurückhaltend zu formulieren) Exemplare gesehen.

Auch der bayerische Tourist, der sich 1984 in Bélem einige Tiere besorgt hatte, kehrte das Jahr darauf ohne „Neuzugänge" aus seinem Brasilienurlaub zurück, weil die auf dem Markt in Bélem angebotenen Abgottschlangen dieses Mal so gar nicht seiner Vorstellung von Schönheit entsprachen.

Abb. 92: Der brasilianische Bundesstaat Amapá liegt an der Grenze zu Französisch Guyana und ist die Heimat des abgebildeten *Boa c. constrictor*-Männchens. Foto: H+E Stöckl

Abb. 93: Das Aussehen einer Abgottschlange bietet nur bedingt einen Hinweis auf ihre Herkunft. Die hier abgebildete Rotschwanzboa hat alle Merkmale der Tiere aus Surinam sowie den Guyanas, sie kommt aber aus der Gegend von Manaus in Brasilien. Foto: Carl Samuelsson

Abb. 94: Elfenbeinfarbene („weiße") *Boa c. constrictor* aus der Region um Belem / Brasilien. Foto: Jim Pomaville

Abb. 95: Turumo ist ein Vorort von Caracas, der Hauptstadt Venezuelas. Die abgebildete Rotschwanzboa lag eines Nachts im Wohnzimmer von Juan Carlos Granadillo, der in Turumo wohnt. Das Tierchen war so freundlich, für einige Fotos Modell zu kriechen. Es gibt in Venezuela eine große Vielfalt bei den Abgottschlangen, aber keine mit einem „landestypischen" Aussehen. Abgottschlangen wie jene auf dem Foto sind auch in Surinam und den Guyanas anzutreffen.
Foto: Juan Carlos Granadillo R.

Boa c. constrictor – Venezuela

Das Verbreitungsgebiet von *Boa c. constrictor* in Venezuela erstreckt sich über die gesamte Landesfläche östlich der Anden. Westlich der Anden befinden wir uns im Verbreitungsgebiet von *Boa c. imperator*.

In Venezuela besteht ebenso wie in Brasilien ein Ausfuhrverbot für geschützte Tiere, und zwar schon seit Ende der 70er Jahre. Auch die private Haltung von Abgottschlangen ist dort verboten; dennoch wird sie praktiziert.

Unsere Informationen über diese Tiere stammen von *Boa constrictor* Haltern aus verschiedenen Regionen Venezuelas, die über das Internet mit uns Kontakt aufgenommen haben. Erfreulicherweise lieferten unsere Kontakte auch aussagekräftige Fotos ihrer Abgottschlangen (samt Fundort). Daher können wir uns mittlerweile ein gutes Bild über *Boa constrictor* in Venezuela machen.

Viele Rotschwanzboas aus diesem Land sind von *Boa c. constrictor* aus Surinam und den Guyanas nicht zu unterscheiden. Dies gilt vor allem für Tiere aus dem Osten und der Mitte Venezuelas. Im Süden hingegen finden sich Exemplare, welche die stark ausgeprägten dunklen Zeichnungsmuster in den hellen Bereichen zwischen den Sattelflecken haben, die für viele brasilianische *Boa c. constrictor* typisch sind.

Bei den Rotschwanzboas im Westen Venezuelas (wir sprechen nicht vom äußersten Westen, sondern von der Region östlich der Anden) ist der Einfluss von *Boa c. imperator* unübersehbar. Diese Tiere sind von Abgottschlangen, die wir aus Kolumbien kennen, nicht zu unterscheiden.

Zusammenfassend kann man sagen, dass es in Venezuela zwar eine große Vielfalt an *Boa c. constrictor* gibt, jedoch keine mit einem „landestypischen" Aussehen. Jede Rotschwanzboa aus Venezuela, die wir bisher gesehen haben, hätte ebenso gut entweder aus Surinam und den Guyanas, Brasilien oder Kolumbien sein können.

Boa c. constrictor – Kolumbien

Boa c. constrictor ist die östliche Tiefland-Form der kolumbianischen Abgottschlangen. Sie kommt dort in den Llanos und im Amazonasbecken vor.

Wie wir bereits im Kapitel über die Anfänge der Abgottschlangen-Haltung in Deutschland erwähnt haben, war Kolumbien in den 60er und 70er Jahren das Ausfuhrland Nr. 1 für der Natur entnommene *Boa constrictor*.

Die damals exportierten Tiere stammten fast ausschließlich aus der Cartagena / Barranquilla-Region im Norden des Landes und waren somit *Boa c. imperator*. Aus diesem Grund handelt es sich bei den Kolumbianischen Boas in privater Haltung fast ausschließlich um Kaiserboas.

Vor einigen Jahren hat sich aus den USA kommend auch hierzulande ein Trend entwickelt, kolumbianischen Abgottschlangen mit einem bestimmten Aussehen aus vermarktungstechnischen Gründen als „Leticia"-Boas zu bezeichnen.

Diese Bezeichnung ist jedoch falsch

und irreführend! Keine einzige dieser so genannten „Leticia-Boas" sieht so aus wie jene *Boa c. constrictor*, die tatsächlich in der Region von Leticia vorkommen. Leticia befindet sich tief im Inneren Amazoniens und in relativer Nähe zu Iquitos in Peru. Daher sehen die „richtigen" Leticia-Boas aus wie Peruanische Rotschwanzboas.

Abb. 96 (oben): Dieses halbwüchsige *Boa c. constrictor*-Männchen ist der lebende Beweis dafür, dass die Rotschwanzboas aus Kolumbien durchaus mit ihren Unterart-Genossen in Surinam und den Guyanas mithalten können.
Abb. 97 (rechts): Bis zu einer bestimmten Größe klettern Abgottschlangen gerne. Sehr schwere Exemplare halten sich jedoch überwiegend am Boden auf und verkriechen sich im Dickicht. Die kolumbianische *Boa c. constrictor* auf dem Foto wird zwar einmal ein sehr stattliches Exemplar werden, doch bis dahin gehen noch einige Jahre ins Land. Fotos: H + E Stöckl

Abb. 98: Der Tierfotograf Michael Tweddle hat diese Peruanische *Boa c. constrictor* in der Nähe von Olmos in Peru abgelichtet. Hier gerät die Taxonomie ein wenig ins Wanken, da Olmos westlich der Anden und somit im Verbreitungsgebiet von *Boa c. ortonii* liegt. Als mögliche Gründe vermutet Tweddle den blühenden Schwarzhandel mit *Boa constrictor* in dieser Region oder auch die Tatsache, dass dort die Anden relativ niedrig sind.

Foto: Michael Tweddle

Boa c. constrictor – Peru

Peru hat einen 2.400 km langen Küstenstreifen entlang des Pazifiks und grenzt im Norden an Kolumbien und Ecuador, im Westen an Brasilien und im Süden an Chile und Bolivien. Das Staatsgebiet ist ungefähr viermal so groß wie die Bundesrepublik Deutschland. Mehr als die Hälfte Perus ist mit Regenwald bedeckt.

Aufgrund der geographischen Gegebenheiten gibt es in diesem Staat sehr unterschiedliche klimatische Bedingungen. Da sind einmal das trockene Küstengebiet (Costa), dann der Andenraum (Sierra) mit schneebedeckten Gipfeln oberhalb von 5000 m und die Selva, das Amazonastiefland im Osten Perus mit seinen tropischen und subtropischen Regenwäldern.

Die Selva ist die Heimat der peruanischen *Boa c. constrictor*. Diese von Regenwald bedeckte Region nimmt fast 60 % der Gesamtfläche Perus ein. Die Jahresmitteltemperatur beträgt dort circa 26 °C und die jährliche Niederschlagsmenge erreicht bis zu 3800 mm/m². Die Regenzeit dauert von Dezember bis April, wobei ausgiebige Niederschläge auch in der Trockenzeit keine Seltenheit sind.

Die größte Stadt dieser Region ist Iquitos. Ihr Name ist untrennbar mit den Peruanischen *Boa c. constrictor* verbunden, die sich in privater Haltung befinden.

Erwähnenswert ist auch, dass in der Gegend von Olmos in Peru, das liegt westlich der Anden – also im Verbreitungsgebiet von *Boa c. ortonii* – ebenfalls *Boa c. constrictor* vorkommen!

Diese Abgottschlangen unterscheiden sich in keiner Weise von ihren Unterart-Genossen aus der Region Iquitos.

Offenbar sind die Anden in dieser Gegend nicht hoch oder unpassierbar genug, um eine unüberwindliche Barriere für die Abgottschlangen darzustellen. Es ist daher durchaus denkbar, dass in der Olmos-Region auch Mischformen zwischen *Boa c. constrictor* und *Boa c. ortonii* existieren.

Bis zum Ende der 90er Jahre konnten auf legalem Weg so gut wie keine Abgottschlangen aus Peru ausgeführt werden. Erst danach wurde der Export von so genannten Farmnachzuchten erlaubt. Seit dieser Zeit ist die Peruanische Rotschwanzboa häufiger in der Terrarienhaltung anzutreffen. Die Ausfuhr dieser Tiere geschieht grundsätzlich über Iquitos. Die exportierten Tiere stammen auch fast immer aus dieser Gegend.

Die *Boa c. constrictor* aus den verschiedenen Regionen von Peru unterscheiden sich so gut wie überhaupt nicht voneinander. Abgottschlangen aus der Umgebung von Iquitos im Nordosten Perus sehen nicht anders aus als ihre Artgenossen aus der Gegend von Pucallpa im Osten oder die entsprechenden Exemplare aus Madre de Dios im Südosten von Peru, obwohl zwischen Iquitos und Madre de Dios etwa 2000 km liegen.

Die Peruanischen Rotschwanzboas sind sehr gut an ihrer meist ockergelben Grundfärbung und den sanduhrförmigen Sattelflecken zu erkennen. Unserer

Meinung nach haben diese Tiere das größte Wachstumspotential aller *Boa c. constrictor*. Sie kommen teilweise schon mit einem Geburtsgewicht von knapp 100 g zur Welt. „Normal“ sind bei anderen *Boa c. constrictor* etwa 60–80 g.

Trotz der typischen Merkmale ist es falsch, Tiere mit diesem Aussehen automatisch Peru zuzuordnen. Wie bereits erwähnt, sehen kolumbianische *Boa c. constrictor* aus der Region von Leticia genauso aus. Das Gleiche gilt auch für die Rotschwanzboas im östlichen Amazonasbecken des Nachbarstaates Ecuador.

Diese Gruppe von *Boa c. constrictor* (Peru, Leticia/Kolumbien sowie Ecuador) unterscheidet sich sowohl in Zeichnung als auch in Färbung so gravierend von den Rotschwanzboas aus Surinam und den Guyanas, dass sie auf keinen Fall mit solchen Tieren verpaart werden sollten. Abschließend sei noch erwähnt, dass die Peruanischen *Boa c. constrictor* bis Ende der 90er Jahre fälschlicherweise als *Boa c. ortonii* bezeichnet wurden. Dieser Irrtum ist jedoch mittlerweile aufgeklärt.

Abb. 99:
Die Peruanischen Rotschwanzboas sind sehr gut an ihrer meist ockergelben Grundfärbung und den sanduhrförmigen Sattelflecken zu erkennen.

Foto: H + E Stöckl

Boa c. constrictor – Ecuador

Dieses artenreiche Land, zu dem auch die Galapagos Inseln gehören, grenzt im Norden an Kolumbien, im Osten und Süden an Peru und im Westen an den Pazifischen Ozean. Den Namen hat dieser Staat vom Äquator, der mitten durch das Land verläuft.

Die Heimat der Rotschwanzboas in Ecuador ist das Amazonasbecken im Osten des Landes, auch Oriente genannt. Dort breitet sich der tropische Regenwald auf einer Fläche von etwa 120.000 km^2 aus. Die beiden größten Flüsse, der Río Napo und der Río Pastaza, gehören zu den wichtigsten Zuflüssen des Amazonas.

Im Oriente findet sich ein typisch tropisches Klima mit viel Feuchtigkeit und Niederschlag. Die Regenzeit beginnt im Februar. Die Monate Juni, Juli und August sind am niederschlagsreichsten.

Wie bereits erwähnt, sehen die Rotschwanzboas im östlichen Amazonasbecken Ecuadors so aus wie ihre (Unter-) Artgenossen in Peru.

Am Osthang der Anden finden sich *Boa c. constrictor*, von denen man das nicht behaupten kann. Wir sprechen hier von den so genannten „Schwarz-

Abb. 100: Rotschwanzboas mit diesem Habitus gibt es nicht nur in Peru. Auch in Ecuador und in der Gegend von Leticia / Kolumbien sehen die *Boa c. constrictor* so aus, wie das Tier auf diesem Foto.

Foto: H + E Stöckl

bauchboas". Diese wurden 1983 von Langhammer erstmals beschrieben. Seine taxonomische Bewertung als neue Unterart („*Boa c. melanogaster*") konnte sich jedoch nicht durchsetzen. Diese Tiere werden (berechtigterweise, wie wir meinen) in allen Standardwerken als eine Farbvariante von *Boa c. constrictor* angesehen.

Die Schwarzbauchboas, um bei diesem griffigen Terminus zu bleiben, sind sehr dunkle Abgottschlangen, deren Sattelflecken seitlich miteinander verbunden sind. Bei den bisher fotografierten Exemplaren ist die für die meisten *Boa c. constrictor* typische „Fledermauszeichnung" der Sattelflecken nur sehr gering ausgeprägt. Die Rückenflecken sind durch eine intensive Einstreuung dunkler Schuppen auf etwas hellerem Grund gekennzeichnet. Der Schwanz ist nicht so kirschrot wie man es von anderen *Boa c. constrictor* gewohnt ist, sondern eher mahagonirot.

Der Grund, warum Langhammer diese Abgottschlangen als eigene Unterart bewertet hat, liegt hauptsächlich in der Färbung der Bauchunterseite. Diese ist bei adulten Exemplaren, wie der Trivialname schon vermuten lässt, fast einheitlich schwarz, statt schwarz gefleckt auf hellem Grund wie bei anderen *Boa c. constrictor*. Allerdings haben wir auch schon sehr dunkle Exemplare aus Surinam sowie den Guyanas gesehen, die bei ein bisschen Wohlwollen ebenfalls als „*Boa c. melanogaster*" durchgegangen wären, wenn man dieses Kriterium zu Grunde legt. Bei jugendlichen Exemplaren der Schwarzbauchboas ist die Bauchseite ohnehin noch schwarz gefleckt. Die einheitlich schwarze Bauchfärbung (die nach den Fotos, die wir bisher gesehen haben so einheitlich nun auch wieder nicht ist) entwickelt sich erst mit zunehmendem Alter vom vorderen Ende beginnend in Schwanzrichtung.

Boa c. constrictor – Bolivien

Bolivien ist – ebenso wie Peru und Ecuador – ein Andenland. Es grenzt im Süden an Argentinien und Paraguay, im Osten und Norden an Brasilien und im Westen an Peru und Chile.

Die Anden erstrecken sich in Nord-Südrichtung im westlichen Teil des Landes. Die Westkordillere an der Grenze zu Chile und die Ostkordillere im Nordosten bilden das Kernstück der Anden und umgrenzen den Altiplano, das bolivianische Hochland.

In der Mitte des Altiplano liegt der Titicaca-See. Er ist der höchstgelegene schiffbare See der Welt und der größte See Südamerikas. Im östlichen bolivianischen Bergland liegen die Yungas, eine stark bewaldete Region und im Osten erstreckt sich das Tiefland der tropischen Regenwaldgebiete Amazoniens (Llanos).

Die enormen Höhenunterschiede des Landes bedingen ein unterschiedliches Klima. Während es in den höher gelegenen Regionen kalt und trocken ist, herrscht im Altiplano und Tiefland ein feuchtheißes bis trockenes Klima. Regenzeit ist zwischen November und März.

Abb. 101: Die Einstufung der Schwarzbauchboas vom Osthang der Anden Ecuadors als eigene Unterart „*Boa c. melanogaster*" hat sich nicht durchgesetzt. Die meisten Autoren gehen davon aus, dass es sich lediglich um eine Farbvariante von *Boa c. constrictor* handelt. Foto: Vincent Russo

Die Heimat der Bolivianischen *Boa c. constrictor* ist das Tiefland der Llanos im Nordosten des Landes, während im Südosten die Kurzschwanzboas vorkommen. Die Verbreitungsgebiete von *Boa c. constrictor* und *Boa c. amarali* gehen in Bolivien nahtlos ineinander über, da keine natürlichen Hindernisse vorhanden sind. In der Region, wo sich die Verbreitungsgebiete überlappen, existieren auch Übergangsformen zwischen beiden Unterarten. Mehr dazu im Kapitel über *Boa c. amarali.*

Boa c. constrictor aus Bolivien zeigen meist eine graubraune Grundfärbung, die von zahlreichen schwarzen Sprenkeln durchsetzt ist und eine ausgeprägte „Fledermausform" der Sattelfleckenzeichnung.

Im Gegensatz zu den Rotschwanzboas aus Surinam und den Guyanas ist die Schwanzfärbung der bolivianischen Exemplare nicht durchgehend rot, sondern von hellen Flächen unterbrochen („Ringelsockenmuster"). Dies ist übrigens auch häufig bei *Boa c. constrictor* aus Brasilien der Fall.

In der Terraristik sind *Boa c. constrictor* aus Bolivien kaum anzutreffen. Anscheinend erfolgten Exporte hauptsächlich aus dem Verbreitungsgebiet von *Boa c. amarali.*

Abb. 102: In Bolivien gehen die Verbreitungsgebiete von *Boa c. constrictor* und *Boa c. amarali* nahtlos ineinander über. Daher ist es nicht verwunderlich, dass Bolivianische Kurzschwanzboas aus dem nördlichen Teil ihres Verbreitungsgebietes eine gewisse Ähnlichkeit mit *Boa c. constrictor* aufweisen.

Foto: Volker Kratzke

Boa c. constrictor – Trinidad und Tobago

Diese beiden südlichsten Inseln der kleinen Antillen bilden zusammen den Inselstaat Trinidad und Tobago, der vor der Küste Venezuelas liegt.

Trinidad ist 4827 km^2 groß, während Tobago nur 301 km^2 misst. Beide Inseln sind vulkanischen Ursprungs.

Durch die Mitte und den Süden von Trinidad verlaufen zwei Gebirgszüge, die fruchtbare Täler umschließen. Im Westen herrschen Sumpfgebiete vor, während die Nord- und Südküste sehr felsenreich ist.

Auf Trinidad und Tobago ist es noch wärmer als an anderen Orten der Karibik: Die durchschnittliche Jahrestemperatur liegt bei 29 °C. Regenzeit ist von Juni bis November.

Von den in der Karibik üblichen Wirbelstürmen bleiben Trinidad und Tobago weitgehend verschont, da sie außerhalb der Hurrikanbahnen liegen.

Zwei Besonderheiten kennzeichnen die dort lebenden Abgottschlangen: Diese Tiere sind die einzige Inselform von *Boa c. constrictor* und jene mit der nördlichsten Verbreitung.

Ärgerlich ist, dass die Rotschwanzboas von Trinidad in der Literatur immer noch als die größten Vertreter von *Boa c. constrictor* beschrieben werden. Im Kapitel über die Größe von Abgottschlangen werden Sie lesen, dass das nicht so ist. Trotzdem wird es wohl noch lange dauern, bis diese Mär endgültig aus der Fachliteratur getilgt ist.

Die Rotschwanzboas von Trinidad und Tobago machen ihrem Trivialnamen nur begrenzt Ehre. Die Schwanzfärbung ist lange nicht so eindrucksvoll wie bei Exemplaren aus Surinam und den Guyanas. Meist fällt der Schwanz eher bräunlich aus. Es gibt zwar auch Exemplare mit einem roten Schwanz – doch es ist nicht das leuchtende Rot, das die Tiere aus dem Amazonasbecken auszeichnet.

Die meisten dieser Insel-*Boa c. constrictor* weisen eine mittel- bis dunkelbraune Grundfärbung auf und wirken daher für das Auge des Hobby Schlangenhalters auf den ersten Blick nicht so attraktiv wie ihre Unterartgenossen aus dem Amazonasbecken. Diesen optischen Nachteil gegenüber anderen Rotschwanzboas machen die Abgottschlangen von Trinidad mit ihrer meist ausgeprägten „Fledermauszeichnung“ der Sattelflecken wieder wett.

Die ersten in Deutschland gehaltenen Tiere aus dem Verbreitungsgebiet Trinidad und Tobago waren F1-Nachzuchten von Rob Tudehope aus den USA, deren Eltern aus einem Zoo in Port-of-Spain stammten.

Im Jahr 2002 wurden dann erstmals Farmnachzuchten von Trinidad direkt nach Deutschland exportiert. Da dies nur in begrenzter Stückzahl erfolgte, handelt es sich bei der Trinidad-Rotschwanzboa immer noch um eine in der Terrarienhaltung sehr seltene Abgottschlange.

Eine Nachzucht dieser Tiere ist in Europa bisher nicht geglückt.

Abb. 103: **Trinidad**, Karte entnommen der CD ISBN 3-8032-1782-2 © 2006 United Soft Media, München

Abb. 104: Im Jahr 2002 wurden erstmal *Boa c. constrictor* Farmnachzuchten von Trinidad nach Deutschland ausgeführt. Das abgebildete Tier stammt aus dieser Ausfuhrlieferung. Die Abgottschlangen von Trinidad besitzen nicht die kirschrote Schwanzfärbung der *Boa c. constrictor* aus den anderen Verbreitungsgebieten. Foto: H + E Stöckl

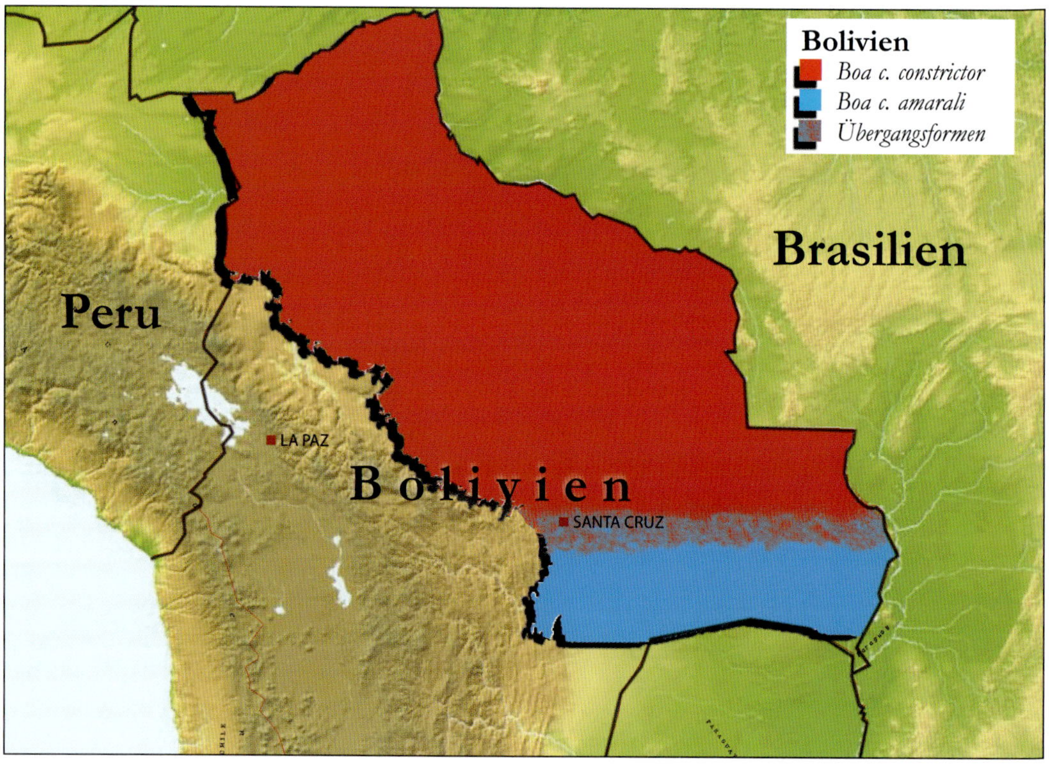

Abb. 105:
Bolivien
Karte entnommen der CD ISBN 3-8032-1782-2 © 2006 United Soft Media, München

***Boa c. amarali* (STULL, 1932)**
Trivialnamen:
„Amarals Boa, Kurzschwanzboa“

Verbreitungsgebiet: südöstliches Bolivien, südliches und südwestliches Brasilien;

Geschätzte durchschnittliche Länge geschlechtsreifer Weibchen: ca. 170–190 cm (Brasilien); 190–220 cm (Bolivien)

Taxonomischer Status: Anerkannte CITES-Unterart

Dorsale Schuppenreihe	**71–79**	(LANGHAMMER 1983)
Bauchschilde	**226–237**	(LANGHAMMER 1983)
Schwanzschilde	**43–52**	(LANGHAMMER 1983)
Anzahl Sattelflecken	**20+**	

Der wissenschaftliche Namen für diese Tiere wurde zu Ehren des brasilianischen Tropenmediziners und Zoologen Dr. Afrânio Do Amaral vergeben. Wie der Trivialname schon vermuten lässt, ist das Hauptmerkmal von *Boa c. amarali* der extrem kurze Schwanz. Dieser unterscheidet sie von allen anderen Unterarten der Abgottschlange.

Ebenso wie bei *Boa c. constrictor* findet sich auch bei den Kurzschwanzboas häufig eine fledermausförmige Sattelfleckenzeichnung („Widows Peaks“). Diese ist bei vielen Exemplaren oft sogar noch deutlicher ausgeprägt als bei den Rotschwanzboas. Die früher von einigen Autoren vertretene Ansicht, dass *Boa c. amarali* lediglich ein Synonym für *Boa c. constrictor* sei, ist mittlerweile passé. Kein ernsthafter Autor zweifelt mehr den Unterartstatus der Kurzschwanzboa an. Es lässt sich jedoch nicht bestreiten, dass insbesondere Amarals Boas aus Bolivien und dem Pantanal den *Boa c. constrictor* optisch sehr nahe kommen. Dazu jetzt gleich mehr:

Boa c. amarali – Bolivien

Die Bolivianischen Kurzschwanzboas leben im Südosten des Landes, genauer gesagt südöstlich von Santa Cruz und südlich von San José de Chiquitos.

Wie bereits erwähnt, gehen in Bolivien die Verbreitungsgebiete von *Boa c. constrictor* und *Boa c. amarali* nahtlos ineinander über. Da kein natürliches Hindernis die beiden Unterarten trennt, finden sich in der Region, wo sich die Verbreitungsgebiete überlappen, vereinzelt auch Mischformen.

Diese sind jedoch weniger häufig anzutreffen, als es unter den gegebenen Umständen zu vermuten wäre. Scheinbar ziehen die Tiere zur Fortpflanzung Vertreter ihrer eigenen Unterart vor (Francis C. Vasquez, Bolivianischer Herpetologe, pers. Mitteilung).

Es besteht bei den Bolivianischen Amarals Boas eine große Ähnlichkeit zu *Boa c. constrictor*, was angesichts der geographischen Gegebenheiten nicht verwunderlich ist. Kurzschwanzboas aus dem Norden des Verbreitungsgebiets sind in Färbung, Zeichnung und Größe von *Boa c. constrictor* kaum zu unterscheiden. Die Grundfärbung ist entweder in Braun- oder Grautönen gehalten mit der typischen „Fledermauszeichnung" von *Boa c. constrictor*. In der Schwanzfärbung findet sich bei den Tieren aus dem Norden des Verbreitungsgebiets ein Rotanteil, der aufgrund des kurzen „Amaralischwanzes" natürlich nicht allzu üppig ausfällt.

In Europa sind Bolivianische Kurzschwanzboas in der Terrarienhaltung eine Rarität. Ende der 90er Jahre wurden erstmals einige Exemplare aus den USA importiert. Die erste Nachzucht hierzulande erfolgte nach unserem Kenntnisstand im Jahr 2005.

Abb. 106: Bei *Boa c. amarali* ist die fledermausförmige Sattelfleckenzeichnung oft noch stärker ausgeprägt als bei *Boa c. constrictor*. Diese Bolivianische Kurzschwanzboa ist das beste Beispiel.

Abb. 107: Bolivianische *Boa c. amarali* aus dem Norden des Verbreitungsgebiets können eine imposante Größe erreichen. Ihre Ähnlichkeit mit *Boa c. constrictor* ist nicht zu leugnen, was daran liegt, dass die Verbreitungsgebiete der beiden Unterarten in Bolivien nahtlos ineinander übergehen.

Fotos: H + E Stöckl

Boa c. amarali – Brasilien

Die Brasilianischen Kurzschwanzboas kommen in den Savannen des Bundesstaat São Paulo und im Pantanal, das südlich der Serra dos Parecis liegt, vor. Das zentrale Hochland der Serra dos Parecis bildet die südliche Grenze des brasilianischen Amazonasbeckens, dem Verbreitungsgebiet von *Boa c. constrictor*.

Mit einer Höhe von über 1000 m ü. NN und Temperaturen unter 0 °C im Winter stellt die Serra dos Parecis eine natürliche Barriere dar, welche die Riesenschlangen nicht überwinden können. Dieses Hochland trennt also die Verbreitungsgebiete von *Boa c. constrictor* (nördlich davon) und *Boa c. amarali* (südlich davon). Aus diesem Grund kommen Mischformen der beiden Unterarten in Brasilien nicht vor.

Das Verbreitungsgebiet der Brasilianischen Kurzschwanzboas wiederum ist zweigeteilt, da der Bundesstaat São Paulo zum Landesinneren hin von Bergland umgeben ist. Dieses bildet eine natürliche Barriere zum Pantanal. Daher sind die Kurzschwanzboas der Savannen von São Paulo weitgehend von den *Boa c. amarali* im Pantanal isoliert.

Das in Teilen der Bundesstaaten Mato Grosso und Mato Grosso Do Sul gelegene Pantanal hat etwa die Fläche der Bundesrepublik Deutschland vor der Wiedervereinigung und ist das größte Schwemmgebiet der Erde. Kaum ein anderes Ökosystem besitzt eine so vielfältige Tierwelt. Dort leben allein schon 50 verschiedene Reptilienarten, vom Artenreichtum der Säugetiere und Fische ganz zu schweigen.

Die Brasilianischen Kurzschwanzboas gehören zu den weniger farbenprächtigen Vertretern der Abgottschlangen. Dies gilt in besonderem Maße für die Tiere aus der São Paulo-Region. Deren Grundfärbung reicht von hell- über dunkelgrau bis zu graubraun. Häufig sind sie mit einer Vielzahl von schwarzen Sprenkeln übersät. Die Schwänze sind graubraun, bei manchen Exemplaren findet sich an den Flanken eine leichte Andeutung von rosa.

Abb. 108: Der extrem kurze Schwanz und die edle Kopfform gehören zu den hervorstechenden Merkmalen von *Boa c. amarali*. Die Vorfahren der abgebildeten Kurzschwanzboa kommen aus dem Bundesstaat Sao Paolo in Brasilien.

Foto: H + E Stöckl

Die dunkelgraue oder dunkelbraune Sattelfleckenzeichnung ist bei den meisten Exemplaren ausgeprägt fledermausförmig. Diese sehr ansprechende Zeichnung und die wuchtigen, vom Körper stark abgesetzten Köpfe dieser Tiere gleichen deren fehlende Farbenpracht wieder aus und machen sie zu begehrten Terrarientieren.

Im Gegensatz zu Exemplaren aus Bolivien unterscheiden sich die Brasilianischen Kurzschwanzboas sehr deutlich von *Boa c. constrictor*.

Sie sind von gedrungenem Körperbau und bleiben kleiner als Rotschwanzboas. Bei den São Paulo-Tieren findet sich häufig eine helle Stelle an der Kopfunterseite, die wie eine Pigmentstörung aussieht, aber keine Krankheit darstellt.

In der Terraristik hat sich für die Brasilianischen Kurzschwanzboas aus der Region São Paulo der Name „Silverbacks“ eingebürgert. Diese Bezeichnung stammt aus den USA und wurde zunächst nur für hellgraue (silbergraue) Exemplare benutzt, dann in Europa allmählich für alle anderen Kurzschwanzboas aus der Region São Paulo übernommen. Dies, obwohl die meisten Tiere dunkelgrau oder bräunlich und nicht silbergrau gefärbt sind.

Brasilianische *Boa c. amarali* aus dem Pantanal haben eine hellbraune Grundfärbung und sind kontrastreicher gezeichnet als ihre Verwandten im Bundesstaat São Paulo. Beiden zu Eigen ist graue bis graubraune Schwanzfärbung.

Die Ähnlichkeit der Pantanal-Amaralis mit *Boa c. constrictor* ist nicht zu leugnen, fällt aber nicht so deutlich aus wie bei den bolivianischen Amarals Boas. In Europa wird nach unserem Kenntnisstand nur die São Paulo-Variante der brasilianischen *Boa c. amarali* gehalten. Die einzige europäische Quelle für solche Tiere lag lange Zeit in Dänemark.

Abb. 109: Seit einigen Jahren dürfen auch aus Brasilien Nachzuchten von geschützten Tieren exportiert werden. Das *Boa c. amarali*-Männchen auf dem Foto stammt von einem Züchter im Bundesstaat Sao Paolo. Auf dem Foto ist gut zu erkennen, dass auch solche Tiere einen gewissen Rotanteil in der Färbung haben können, obwohl die Brasilianischen Kurzschwanzboas nicht zu den farbenprächtigen Vertretern dieser Unterart gehören.

Abb. 110: *Boa c. amarali* aus Bolivien. Im Gegensatz zu den Vertretern dieser Unterart aus Sao Paolo in Brasilien ist die bolivianische Variante viel farbenprächtiger. Fotos: H + E Stöckl

Abb. 111: Hypomelanistische *Boa c. amarali* (Bolivien). Es ist das bisher einzige in der Terrariehaltung geborene Tier dieser Unterart mit einer solchen Veranlagung.

Foto: H + E Stöckl

Ende der 80er Jahre erhielt ein Professor von der Universität Estadual Paulista in Rio Claro, Brasilien einen Lehrauftrag an der Universität Aarhus in Dänemark. Zu Forschungszwecken schickte ihm sein Brasilianischer Kollege, der bekannte Zoologe Augusto Shinya Abe, der ebenfalls an der Estadual Paulista lehrt, drei männliche und zwei weibliche *Boa c. amarali*. Diese Tiere stammten aus dem Bundesstaat São Paulo.

Nachdem der Professor starb, übernahmen seine Assistenten Sonja Petersen und Henrik Herold die Tiere, welche durch die Experimente und eine nicht artgerechte Haltung in Drahtkäfigen in einem sehr üblen Zustand waren. Die Boas hatten schlecht verheilte Wunden und aufgeriebene Nasen.

Dennoch schafften es Petersen und Herold, die Tiere gesundzupflegen und in den folgenden Jahren mehrmals zu vermehren.

Von Dänemark aus fanden die Nachkommen der Kurzschwanzboas des Professors aus São Paulo ihren Weg in die Terrarien von Liebhabern reinrassiger Abgottschlangen in ganz Europa. Leider scheinen diese Boas sehr empfindlich zu sein. Jungtiere neigen dazu, trotz zurückhaltender Fütterung, die auch bei *Boa c. amarali* angebracht ist, die Nahrung immer wieder auszuwürgen. Nicht selten führte wiederholtes Regurgitieren zum Tod der Schlangenbabys. Uns sind zudem nicht wenige Fälle bekannt, dass adulte Exemplare an Infektionskrankheiten verstarben. Aufgrund der hohen Sterblichkeitsrate gibt es mittlerweile kaum noch Tiere aus der Dänischen Blutlinie.

Da andere Blutlinien von Brasilianischen Kurzschwanzboas keine solchen Probleme bereiten, liegt der Verdacht nahe, dass die Dänische Linie eine schlechte gesundheitliche Veranlagung mitbrachte.

Boa c. amarali – Die US-Fehleinschätzung

Brasilianische Kurzschwanzboas aus dem Bundesstaat São Paulo gehören zu den wenigen Vertretern von *Boa constrictor*, die aufgrund ihrer Optik zweifelsfrei einer bestimmten Region zugeordnet werden können.

Das hat folgende Gründe:

1. Die Herkunft der so genannten „Dänischen Blutlinie“ von *Boa c. amarali* aus der Region Sao Paulo in Brasilien ist verifiziert und ihr Aussehen vielfach dokumentiert.
2. Diese Tiere haben ein typisches, unverwechselbares Äußeres.
3. Im Jahr 2003 hatten wir das Glück, eine der ersten legalen Farmnachzuchten von *Boa c. amarali* aus der Region von São Paulo in Brasilien zu erhalten. Die importierten Kurzschwanzboas sind die exakten Ebenbilder der Exemplare aus der Dänischen Blutlinie. Sogar der helle Fleck an der Unterseite des Halses ist vorhanden. Es kann daher davon ausgegangen werden, dass die Tiere aus diesem Verbreitungsgebiet in ihrem Äußeren nicht sehr variabel sind.

Um so mehr verwundert es, dass auf US-Amerikanischen *Boa constrictor*-Internetseiten häufig Kurzschwanzboas, deren Aussehen keinen Zweifel daran lässt, dass ihre Vorfahren aus der Gegend um São Paulo in Brasilien stammen, als „Bolivian Amaralis“ bezeichnet werden.

Teilweise ist auf den Fotos sogar der für viele São Paulo-Tiere typische helle Fleck an der Kopfunterseite deutlich zu erkennen.

Bereits im Jahr 1999 bekamen wir Zweifel an dieser Einstufung der amerikanischen *Boa constrictor*-Halter und kontaktierten deshalb einen uns bekannten Bolivianischen Herpetologen, Francis C. Vasquez, um der Sache auf den Grund zu gehen.

Vasquez hatte zusammen mit einigen Kollegen im Rahmen eines Projekts für den Artenschutz an vier verschiedenen Orten in Bolivien ungefähr 600 *Boa c. amarali* gesammelt. Das macht ihn in unseren Augen zu einem kompetenteren Ansprechpartner als amerikanische *Boa constrictor*-Halter und -Züchter.

Wir schickten damals Vasquez Fotos von „Silverbacks“ aus der Dänischen Blutlinie und baten ihn um seine Einschätzung.

Er antwortete uns, dass keine der von ihm gesammelten Bolivianischen Amarals Boas so ausgesehen hatte wie die Exemplare auf den Fotos, die wir ihm zukommen ließen.

Abb. 112: Aberrant gezeichnete *Boa c. amarali* aus dem Verbreitungsgebiet Bolivien. Das aberrante Zeichnungsmuster ist genetisch bedingt, wie sich beim ersten Zuchtversuch herausgestellt hat. Die Jungen haben diese Veranlagung ebenfalls geerbt und werden sie später ihrerseits weitergeben. Fotos: H + E Stöckl

Diese Auskunft verwundert auch nicht, wenn man bedenkt, dass zwischen São Paulo und dem Verbreitungsgebiet von *Boa c. amarali* in Bolivien mehr als 1000 km liegen und zudem – wie erwähnt – die São Paulo-Region zum Landesinneren hin von einer Gebirgskette umgeben ist, die eine natürliche Barriere gegen das Verbreitungsgebiet weiter westlich darstellt.

Wie kam es nun dazu, dass die Brasilianischen Kurzschwanzboas aus der São Paulo Region in den USA als Bolivianische Amaralis bezeichnet werden?

Die Antwort darauf ist in dem Buch **„The Complete Boa Constrictor“** des US – Züchters Vincent RUSSO zu finden. Dort steht, man NIMMT AN, dass das Männchen, das 1986 den Grundstein für die Amarali - Nachzuchten in den USA legte, aus einer Importlieferung stammte, die 1982 aus Bolivien kam. Die Einstufung der US – Kurzschwanzboas als Bolivianische *Boa c. amarali* beruht also auf einer reinen ANNAHME !

Nun stellt sich natürlich die Frage, was die Amerikaner dann als Brasilianische *Boa c. amarali* präsentieren, wenn sie die „richtigen“ fälschlicherweise dem Nachbarland Bolivien zuordnen? Klickt man entsprechende Fotos im Internet an, so erscheinen Tiere mit heller

Abb. 113:
Brasilien
Karte: University of Texas Libraries

Grundfärbung und leuchtend roten (!) Schwänzen. Diese werden als „South Brazilian Amarali“ (Südbrasilianische Amarali) bezeichnet und unterscheiden sich optisch kaum oder gar nicht von *Boa c. constrictor*. Meist ist sogar der Schwanz dieser Tiere viel zu lang für eine Kurzschwanzboa.

Besonders bekannt ist die Blutlinie des inzwischen verstorbenen US-Züchters Lloyd Lemke. Seine Tiere haben als Brasilianische Kurzschwanzboas großen Ruhm in den USA erlangt. Leider hat die Sache einen Haken: Eine Bestimmung nach der Anzahl der dorsalen Schuppenreihen, durchgeführt von (nein, nicht von uns!) den amerikanischen *Boa constrictor*-Spezialisten Dennis Sargent und Jim Pomaville outete diese Tiere als *Boa c. constrictor*.

Wie Sie im Kapitel über *Boa c. longicauda* lesen konnten, stehen wir der Schuppen- und Sattelfleckenzählerei eher skeptisch gegenüber, da bei Festlegung des Normbereichs für eine bestimmte Unterart immer nur eine sehr begrenzte Anzahl von Exemplaren untersucht wurde. Manche der Angaben wurden ohnehin schon durch die Praxis widerlegt.

In diesem Fall haben wir jedoch keine Zweifel an der Feststellung von Sargent und Pomaville, denn das Vorkommen derart rotschwänziger, „*Boa c. constrictor*-mäßig“ aussehender Tiere inmitten des Verbreitungsgebiets von *Boa c. amarali* wäre ungefähr so logisch wie die Existenz rothaariger Weißer in einem Kral afrikanischer Nomaden im Kongo.

Wie uns ein US-Insider unter vorgehaltener Hand mitteilte, haben nicht wenige Züchter in den USA schon vor Jahren „South Brazilian Amaralis“ (also in Fakt *Boa c. constrictor*) mit reinrassigen Amaralis verpaart. Dies geschah teilweise aus einer Fehleinschätzung heraus, der sie bis heute noch anhängen, aber auch, um den an fehlender Farbenpracht leidenden Kurzschwanzboas ein „Face Lifting“ zuteil werden zu lassen. So kommt es, dass in den USA mittlerweile viele *Boa c. constrictor* x *Boa c. amarali*-Mischlinge auf dem Markt sind. Fotos von Würfen solcher Tiere zeigen wunderschöne „Rotschwanzboas“, von denen ein Teil der Jungen einen kurzen, der andere Teil einen langen Schwanz hat, je nachdem ob die Erbmasse von *Boa c. amarali* oder die von *Boa c. constrictor* durchschlägt. Es ist mittlerweile sehr schwierig geworden, in den USA Kurzschwanzboas ohne *Boa c. constrictor*-Genanteil zu erhalten. Fairerweise müssen wir erwähnen, dass es auch in den Vereinigten Staaten Halter und Züchter von *Boa constrictor* gibt, die schon seit Jahren auf die in diesem Kapitel geschilderte Fehleinstufung hinweisen. Diese guten Leute haben es da drüben nicht einfach. Denn der Wahrheit stehen die wirtschaftlichen Interessen bedeutender US-Züchter entgegen, die an der bewährten Vermarktung der Tiere festhalten wollen. Wir hoffen, dass wir mit diesem Kapitel verhindern können, dass die US-Fehlinformation auch hierzulande Fuß fasst.

Abb. 114: Dieses weibliche Exemplar einer *Boa c. amarali* ist ein typischer Vertreter der Sao Paolo-Variante. Der Vater des Tiers stammte aus der Dänischen Blutlinie. Glücklicherweise setzten sich die Gene der Mutter durch: Das Tier verfügt über eine robuste Gesundheit.

Boa c. occidentalis (PHILIPPI, 1873)
Trivialnamen:
„Argentinische Boa, Südboa"

Verbreitungsgebiet: Paraguay und Argentinien zwischen den Anden und Parana; südlich bis in die Provinzen San Luis und Mendoza auf ca. 35° südlicher Breite.

Geschätzte durchschnittliche Länge geschlechtsreifer Weibchen: ca. 190–220 cm.

Taxonomischer Status: Anerkannte CITES-Unterart (Anhang I);

Abb. 115: <u>**Argentinien**</u>
Karte entnommen der CD ISBN 3-8032-1782-2 © 2006 United Soft Media, München

Dorsale Schuppenreihe	**65–87**	(LANGHAMMER 1983)
Bauchschilde	**237–252**	(LANGHAMMER 1983)
Schwanzschilde	**45–594**	(LANGHAMMER 1983)
Anzahl Sattelflecken	**22–30**	(LANGHAMMER 1983)

In Paraguay herrscht ein subtropisches Klima. Sommer ist dort von Dezember bis März. Zu dieser Zeit kann das Thermometer bis auf 45 °C im Schatten steigen. Die Winter sind sehr mild mit einigen kühlen Tagen.
Das Land wird vom Fluss Paraguay in zwei große Einheiten aufgeteilt. Die westliche Region ist von Grasfluren, Sümpfen und lichtem Buschwald geprägt. Der Süden des Landes wird von Ebenen mit urwaldähnlichem Charakter dominiert.

Argentinien beherbergt sechs verschiedene Klimazonen. Im äußersten Nordosten herrscht tropisches, im restlichen Norden subtropisches Klima. In der Zentralregion findet sich eine ausgedehnte gemäßigte Zone, in der die Temperaturen weder im Sommer noch im Winter extreme Werte erreichen. Je weiter es nach Süden geht, desto kühler wird es. Im äußersten Süden werden selbst im Sommer nicht mehr als 20 °C erreicht.

Argentinien gliedert sich in Gebirge, Hochländer und Ebenen. Der westliche und nordwestliche Landesteil wird von den Anden eingenommen. Das Flachland im Norden Argentiniens ist Teil der Ebenen des Gran Chaco, eine der Großlandschaften Südamerikas.

Die Pampa, eine baumarme Graslandschaft erstreckt sich auf fast 1600 km Länge südlich des Gran Chaco. Patagonien, das sich an die Pampa anschließt, ist eine trockene und vegetationsarme Steppe.

Bei *Boa c. occidentalis* handelt es sich um die am weitesten südlich verbreitete Abgottschlangen-Unterart. Ihre schwarze oder dunkelbraune Grundfärbung ermöglicht es ihr, mehr Sonnenlicht und damit mehr Wärme aufzunehmen als heller gefärbte Abgottschlangen.

Die Argentinischen Boas sind im äußersten Süden ihres Verbreitungsgebiets jahreszeitlich bedingt erheblichen Temperaturschwankungen ausgesetzt. Daher ist die dunkle Färbung wohl auch als Anpassung an oft sehr niedrige Temperaturen zu verstehen.

Manche halten *Boa c. occidentalis* für die schönste Abgottschlangen-Unterart. In der Tat sehen insbesondere adulte Südboas sehr beeindruckend aus. Ein komplexes Netzwerk heller Schuppenreihen bildet das Boa-Muster und verleiht den Tieren ein exotisches und unverwechselbares Aussehen. Je ausgeprägter der Kontrast zwischen der Grundfärbung und den hellen Schuppenreihen ist, um so eindrucksvoller wirkt die Optik dieser Boas. Ein gutes Beispiel hierfür sind die „Sieling-Tiere", eine mittlerweile sehr selten anzutreffende Blutlinie von pechschwarzen Südboas mit extrem hellen Schuppenreihen – mehr dazu gleich.

Vorher sei noch erwähnt, dass die Färbung von Occidentalis-Babys anders ist als die von adulten Exemplaren. Die Jungtiere besitzen eine graue Grundfärbung mit blassrosaroten Bereichen dazwischen. Im Laufe des Wachstums wird das Grau immer dunkler, bis das kräftige Schwarz der adulten Exemplare erreicht ist. Die ehemals blassrosaroten Bereiche werden eierschalenfarbig oder weiß. Hier wurden schon viele enttäuscht, die gehofft hatten, das Rosa würde vielleicht doch erhalten bleiben.

Während besonders in den USA Mischlinge zwischen *Boa c. occidentalis* und so genannten Rotschwanzboas produziert werden (nach dem Motto: Mal sehen was da rauskommt…) sind in der Natur keine Übergangsformen zu anderen Unterarten von *Boa constrictor* bekannt.

Wir konnten feststellen, dass die Argentinischen Boas nicht nur zu den größten Vertretern von *Boa constrictor* gehören, sondern auch zu den aktivsten. Sie sind wesentlich aufgeweckter und bewegungsfreudiger als die Vertreter der anderen Unterarten.

Abb. 116: Die Sieling-Blutlinie von *Boa c. occidentalis* zeichnet sich durch einen starken Kontrast zwischen den hellen Schuppenreihen und der schwarzen Grundfärbung aus. Wenn ein solches Tier dann noch eine stattliche Größe hat, wird dem Abgottschlangenliebhaber ein atemberaubender Anblick geboten.

Foto: H + E Stöckl

Der Pionier in der europäischen Privatzucht von *Boa c. occidentalis* war Ulrich Sieling aus Düren in Nordrhein-Westfalen. Er erwarb im Oktober 1985 bei der Firma Hoch in Waldkirch zwei Männchen und drei Weibchen aus einem Import von zehn adulten. Wie uns Herr Sieling mitteilte, suchte er aus der Lieferung die Tiere mit dem kräftigsten schwarz-weiß Kontrast aus.

Es handelte sich damals um den ersten Import von Argentinischen Boas seit fast 15 Jahren. 1985 waren diese Tiere noch im Anhang II des Washingtoner Artenschutzübereinkommens (CITES) eingestuft. 1988 gelang es Ulrich Sieling erstmals mit den bei der Firma Hoch erworbenen Südboas zu züchten.

Aufgrund dieses Erfolgs kann Sieling für sich in Anspruch nehmen, der erste Privatzüchter in Europa gewesen zu sein, dem es gelungen ist, diese Unterart unter menschlicher Obhut zu vermehren. Als 1988 der erste Wurf von *Boa c. occidentalis* in Deutschland zur Welt kam, war diese Unterart bereits seit einem Jahr im CITES-Anhang I eingestuft. Das bedeutet, dass diese Tiere unmittelbar vom Aussterben bedroht sind.

Abb. 117: *Boa c. occidentalis* ist als einzige Unterart der Abgottschlangen im Anhang I zum Washingtoner Artenschutzübereinkommen erfasst. Die damit verbundene Kennzeichnungspflicht hat dazu geführt, dass sich viele Züchter anderen Unterarten gewidmet haben. Vor allem deshalb ist die Argentinische Boa auch in der Terraristik mittlerweile wieder sehr selten geworden. Foto: H + E Stöckl

Kein Wunder, denn in Argentinien wurden in den vergangen 90 Jahren knapp 80 % aller natürlichen Wälder abgeholzt. Von ursprünglich 106 Millionen Hektar im Jahr 1914 sind nur noch 33 Millionen Hektar erhalten, wie aus einer im Jahr 2003 in Buenos Aires veröffentlichten Studie des Argentinischen Umweltamtes hervorgeht.

Der Verlust an Wald entspricht mehr als der doppelten Fläche Deutschlands. Als Gründe führte die Studie die Ausweitung des Ackerbaus und der Viehzucht sowie den Kahlschlag ganzer Landstriche durch die Holzindustrie an.

Angesichts dieses Ausmaßes an Umweltzerstörung ist es mehr als gerechtfertigt, dass die Argentinische Boa in den Anhang I zum Washingtoner Artenschutzübereinkommen (CITES) aufgenommen wurde und damit streng geschützt ist.

Ein Nebenprodukt dieses Status ist die Kennzeichnungspflicht. Dieser kann entweder durch das Einpflanzen eines Transponders (so genanntes „chippen“) oder durch Fotodokumentation genüge getan werden.

Die Kennzeichnungspflicht ist eine gut gemeinte Regelung, die sicherlich bei den meisten bedrohten Tieren ihren Sinn und Zweck erfüllt, sich aber bei *Boa c. occidentalis* reichlich kontraproduktiv ausgewirkt hat.

Bis zum Ende der 90er Jahre wurde die Argentinische Boa in Europa und den USA sehr häufig nachgezogen. Was die private Haltung betrifft, war also nichts davon zu merken, dass es sich hier um eine unmittelbar vom Aussterben bedrohte Unterart handelt.

Das änderte sich jedoch in Europa mit der Einführung der Kennzeichnungspflicht am 01.01.2001. Diese wirkt sich nämlich nicht gerade positiv auf die Motivation der Züchter von Südboas aus.

Wird ein solcher von seinem trächtigen *Boa c. occidentalis*-Weibchen mit einem Wurf von (sagen wir mal) 20 Jungen beglückt, so kommt er nun aufgrund der Kennzeichnungspflicht nicht mehr daran vorbei, jedes der Boababys einzeln zu halten. Anders ist es nämlich sehr schwer, bei der Abgabe eines Tiers die entsprechende, mit einem Foto der Boa versehene CITES-Bescheinigung fehlerfrei zuzuordnen.

Da wir gerade von den Fotos sprechen: Diese müssen bestimmte Merkmale der Tiere zeigen, um den behördlichen Anforderungen zu genügen. Leider wollen sich manche Exemplare partout nicht fotografieren lassen. So wird die Fotodokumentation nicht selten zu einer Qual für Züchter und Schlangenbaby.

Angesichts dessen ist es nicht verwunderlich, dass ein Großteil der Occidentalis-Züchter sehr schnell die Nase voll hatte und zu anderen Unterarten wechselte, die nicht kennzeichnungspflichtig sind.

Das Resultat ist nun, dass die Argentinische Boa heutzutage wieder Mangelware geworden ist. Teilweise suchen Abgottschlangenliebhaber ebenso händeringend wie erfolglos nach solchen Tieren. Es wurde also mit der Kennzeichnungspflicht genau das Gegenteil von dem erreicht, was beabsichtigt war. Hier greift das schöne Sprichwort, dass gut gemeint oftmals das Gegenteil von gut ist.

III. Die Antillen-Gruppe

***Boa c. orophias* (LINNÉ, 1758)**
Trivialname: „St. Lucia-Boa“

Verbreitungsgebiet: Saint Lucia und St. Kitts (Kleine Antillen)

Geschätzte durchschnittliche Länge geschlechtsreifer Weibchen: ca. 180 cm.

Taxonomischer Status: Anerkannte CITES-Unterart (Anhang II);

Dorsale Schuppenreihe	**65–75**	(LANGHAMMER 1983)
Bauchschilde	**270–288** **258–275**	(LANGHAMMER 1983) (BOULENGER 1893)
Schwanzschilde	**55–69**	(LANGHAMMER 1983)
Anzahl Sattelflecken	**27–31** **25–30**	(LANGHAMMER 1983) (BOULENGER 1893)

Der karibische Inselstaat St. Lucia war bis 1979 eine britische Kolonie. Der üppige Regenwald, der früher große Teile der bergigen Vulkaninsel bedeckt hatte, ist inzwischen fast vollständig abgeholzt worden.

Das tropisch feuchte Klima von St. Lucia wird durch die nord-östlichen Passatwinde gemildert. Regenzeit ist von Mai bis September.

Die Temperaturen unterliegen im Jahresverlauf nur geringen Schwankungen und liegen tagsüber zwischen 28 und 33 °C.

Im Norden des Landes stellt die Bodenerosion ein großes Problem dar. Landwirtschaftliche Chemikalien, Einleitung ungefilterter Abwässer sowie unsachgemäße Entsorgung und Lagerung von Abfall stellen eine weitere Bedrohung für die Natur der Insel dar.

Angesichts dessen ist es nicht verwunderlich, dass die auf St. Lucia lebende *Boa c. orophias*-Population im höchsten Maße gefährdet ist.

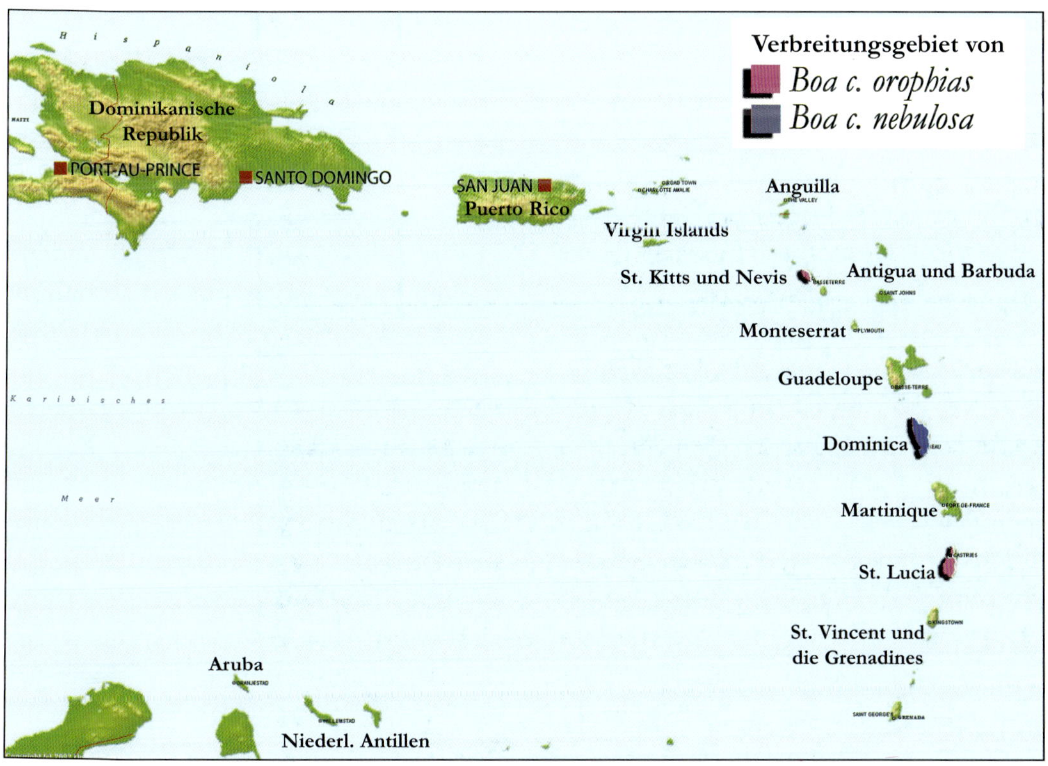

Abb. 118:
Karibik
Karte entnommen der CD ISBN 3-8032-1782-2 © 2006 United Soft Media, München

Abb. 119: Bedingt durch mangelnden Umweltschutz ist die St. Lucia-Boa in ihrem Verbreitungsgebiet sehr selten geworden. In der Terraristik ist sie auch kaum noch anzutreffen.

Foto: Volker Kratze

Die Angst der Einheimischen vor Schlangen und die Ansicht, dass der Tourismus auf der Insel ohne sie besser dran sei, haben auch nicht gerade zur Erhaltung der Population beigetragen.

Die St. Lucia-Boa ist am Rücken hell- bis mittelbraun und an den Flanken grau gefärbt. Die dunkelbraunen Sattelflecken sind relativ breit und meist voneinander getrennt. In ihnen finden sich häufig helle Bereiche. Im hinteren Drittel wird die Färbung der St. Lucia-Boa düsterer. Dieser Bereich schillert bei geeignetem Licht in einem metallischen Blauschwarz.

Boa c. orophias ist eine schlanke und muskulöse Schlange mit einem länglichen Kopf. Die meisten Vertreter dieser Unterart gelten als leicht reizbar.

Laut James D. LAZELL soll diese Subspezies auch auf der Karibikinsel St. Kitts vorkommen (Bull. Mus. Comp. Zool., Harvard Univ., 132 (3); 245-273, December, 1964). Dies wird aber allgemein bezweifelt.

Die ersten St. Lucia-Boas wurden 1993 in die deutsche Terraristik eingeführt, als ein Münchner *Boa constrictor*-Liebhaber in den Niederlanden drei adulte Pärchen erwarb. Im Sommer 1995 glückte ihm die erste Nachzucht.

Seine Monopolstellung hielt jedoch nicht lange, da ein niederbayerischer Züchter, der kurz zuvor ebenfalls einige adulte Exemplare dieser Unterart erhalten hatte, auch erfolgreich war. 1995 kamen in Deutschland also gleich zwei Würfe von *Boa c. orophias* zur Welt. Auch in den Folgejahren waren die Zuchtergebnisse außergewöhnlich gut. Da es sich bei der St. Lucia-Boa nicht unbedingt um eine sehr attraktive Unterart handelt, war der Markt relativ schnell gesättigt und die Züchter hatten Schwierigkeiten, Käufer für ihre Tiere zu finden. Das Interesse in der deutschen Terraristik-Szene an *Boa c. orophias* tendierte bereits 1998 gegen Null.

Wie schnell sich die Dinge ändern können, zeigt eine Bestandsaufnahme aus dem Jahre 2007: Die St. Lucia-Boa zählt weltweit zu den seltensten Unterarten von *Boa constrictor* und ist auch in Deutschland wieder zur Rarität geworden. Es ist ein Rätsel, was aus den vielen Nachzuchten der 90er Jahre geworden ist? Wir vermuten, dass die meisten nicht mehr am Leben sind, obwohl es sich bei *Boa c. orophias* eigentlich um eine robuste Unterart handelt. Wahrscheinlich gerieten damals viele Tiere in unqualifizierte Hände.

Boa c. nebulosa (LAZELL, 1964)
Trivialnamen:
„Dominica-Boa, Clouded Boa"

Verbreitungsgebiet: Dominica (Kleine Antillen)

Geschätzte durchschnittliche Länge geschlechtsreifer Weibchen: ca. 200 cm.

Taxonomischer Status: Anerkannte CITES-Unterart (Anhang II)

Der größtenteils von Regenwald bedeckte karibische Inselstaat Dominica (nicht zu verwechseln mit der Dominikanischen Republik) ist seit 1978 von Großbritannien unabhängig.

Ein umfassendes und beispielgebendes Naturpark-System hat dafür gesorgt, dass die üppige Tier- und Pflanzenwelt der Insel größtmöglichen Schutz genießt. Im Gegensatz zu St. Lucia besitzen also die dortigen Abgottschlangen ein sicheres Domizil und sind in ihrer Existenz nicht gefährdet.

Die Berge auf Dominica sind die höchsten Erhebungen der Kleinen Antillen und vulkanischen Ursprungs. Die Insel selbst ist mit 47 km Länge und 21 km Breite relativ klein.

Dominica besitzt ein tropisches Klima, das durch nordöstliche Winde gemäßigt wird. Die Regenzeit dauert von Juli bis Oktober und ist die heißeste Zeit des Jahres. In diesen Monaten kommt es häufig zu schweren Regenfällen, die nicht selten zu Überschwemmungen und Erdrutschen führen. Während der späten Sommermonate ist Hurrikan-Saison.

Durch das Fehlen von Sandstränden und eines internationalen Flughafens führt der Tourismus im Vergleich zu anderen Karibikinseln eher ein Schattendasein.

Die „Clouded Boa", wie sie im englischen Sprachraum genannt wird, hat eine graubraune Grundfärbung, von der sich das Abgottschlangenmuster kaum abhebt. Dieser „nebulösen" Zeichnung verdankt die Dominica-Boa auch ihren Namen. Sie besitzt übrigens die höchste Sattelflecken-Anzahl aller Subspezies von *Boa constrictor*.

Boa c. nebulosa wurde fast zeitgleich mit *Boa c. orophias* in die deutsche Terraristik eingeführt. Der bereits im Kapitel über die St. Lucia-Boas erwähnte Züchter aus München hatte 1991 in den Niederlanden drei adulte Pärchen Dominica Boas erworben. Obwohl die Papiere etwas anderes sagten, handelte es sich vermutlich um Wildfänge. Dennoch akklimatisierten sich die Tiere so gut, dass sie ab 1995 jahrelang regelmäßig für Nachwuchs sorgten.

Nach unserem Kenntnisstand stammen die derzeit noch in Europa gehaltenen *Boa c. nebulosa* alle von dieser „Münchner Blutlinie" ab.

Wir hatten in den 90er Jahren ebenfalls die Gelegenheit, Erfahrungen mit Dominica-Boas zu sammeln. Unser Zuchtmännchen erwies sich als hartnäckiger

Abb. 120: *Boa c. nebulosa* wurde Mitte der 90er Jahre in Deutschland noch regelmäßig nachgezogen. Heute ist sie sehr selten geworden.

Foto: H + E Stöckl

Dorsale Schuppenreihe	**59–69**	(LANGHAMMER 1983)
Bauchschilde	**258–273**	(LANGHAMMER 1983)
Schwanzschilde	**---**	---
Anzahl Sattelflecken	**32–35**	(LANGHAMMER 1983)

Abb. 121: Dominica-Boas können eine stattliche Größe erreichen. Es gibt bei dieser Unterart sehr aggressive Exemplare.

Foto: H + E Stöckl

Vogelfresser, der sich nur von Hühnerküken ernähren wollte. Während sich unsere Gruppe aus durchgehend friedlichen Exemplaren von eher kleinem Wuchs zusammensetzte, handelte es sich bei den adulten Exemplaren des Münchner Züchters um wahre Furien. Bis heute haben wir noch keine aggressiveren Boas erlebt. Noch dazu war eines der Weibchen fast 2,5 m lang und sehr kräftig.

Doch es gibt auch noch etwas anderes über die „Münchner Blutlinie" der *Boa c. nebulosa* zu berichten: Nach einer Fütterung zeigte sich plötzlich bei einem unserer beiden Männchen eine völlige Lähmung der hinteren Körperhälfte. Eine Röntgenaufnahme ergab, dass an einigen Stellen des Rückgrats die Wirbel verbindenden Gelenke verknöchert und zusammengewachsen waren.

Das führte an diesen Punkten zur Versteifung der Wirbelsäule. Die beim Umwickeln und Würgen der Beute plötzlich auftretende massive Belastung zog an einer dieser Stellen eine Fraktur der Wirbelsäule nach sich.

Das Resultat war eine Querschnittslähmung des Tiers, das schließlich eingeschläfert werden musste.

Als wir uns mit anderen Besitzern von *Boa c. nebulosa* diesbezüglich austauschten erfuhren wir, dass es noch weitere gleich gelagerte Fälle gegeben hatte.

Der Verdacht einer Erbkrankheit in dieser Blutlinie ist daher nicht von der Hand zu weisen. Da andere Blutlinien in Europa nicht verfügbar waren (und soweit wir wissen bis heute nicht sind), entschlossen wir uns, von der Haltung und Zucht dieser Unterart Abstand zu nehmen.

Im Übrigen ähnelt die weitere Geschichte von *Boa c. nebulosa* in der deutschen Terraristik verblüffend der von *Boa c. orophias*: Sättigung des Markts innerhalb kürzester Zeit, Preisverfall und schließlich Aufgabe der Zuchtbestrebungen bei den Haltern der Dominica-Boas. Die Wirbelsäulengeschichte, die sehr schnell publik wurde, trug natürlich auch nicht gerade zur Popularität dieser Tiere bei.

Boa constrictor – Eine invasive Spezies auf Aruba

Zum Abschluss des Kapitels über die Unterarten von *Boa constrictor* und deren Verbreitungsgebiete wollen wir uns noch mit einer ganz speziellen Inselpopulation dieser Tiere befassen.

Die Rede ist von den Abgottschlangen auf Aruba. Dieses Eiland gehörte bis 1986 zu den Niederländischen Antillen und liegt 20 km vor der Küste der Venezuelanischen Halbinsel Paraguana. Aruba ist 31 km lang und misst an der breitesten Stelle 9 km.

Die Gesamtfläche beträgt 190 km^2. Zusammen mit den Nachbarinseln Curacao und Bonaire, die sich 60 Seemeilen und 120 Seemeilen östlich befinden, gehört Aruba seit 1636 zum Königreich der Niederlande, ist aber jetzt weitgehend autonom.

Es wird geschätzt, dass ungefähr 75.000 Menschen auf Aruba leben (illegale Einwanderer und Touristen nicht mit eingerechnet).

Abb. 122:
Aruba
Karte entnommen der CD ISBN 3-8032-1782-2 © 2006 United Soft Media, München

Bei den auf der Karibikinsel Aruba wildlebenden *Boa constrictor* handelt es sich um den ersten dokumentierten Fall von Abgottschlangen als invasiver Spezies.

Invasive Spezies – auch Neobiota oder Neozoen genannt – sind Tiere, die von Menschen in Gebiete verbracht wurden, wo sie ursprünglich nicht existierten, sich aber nun fest etabliert haben. Dabei kann es sich um ausgesetzte Exemplare handeln oder solche, die aus menschlicher Obhut entwichen sind. Auch das unwissentliche Verschleppen von Tieren führte schon zur Entstehung von Neozoen-Populationen. Drei Kriterien müssen erfüllt sein, um von einer Neozoe zu sprechen:
- direkte oder indirekte Einführung durch Menschen
- nach 1492 eingeführt (Beginn des Zeitalters der Kolonialisierung und damit der intensiven Vernetzung der Länder der Welt)
- sich selbst reproduzierende Population, die ohne menschliche Hilfe existieren kann

Auf Aruba gab es ursprünglich keine Abgottschlangen. Sie wurden vom Festland mitgebracht oder kamen über den Zoohandel als Terrarientiere auf die Insel. Doch was tun, wenn die Boa zu groß oder zu aggressiv wird oder 20 Junge bekommen hat, von denen man nicht weiß, wohin damit? Oder wenn die neue Freundin keine Schlangen mag oder die Schwiegereltern befürchten, dass die *Boa constrictor* das Neugeborene des frisch verheirateten Paares frisst… ?

Augenscheinlich wurden auf Aruba solche Probleme nicht anders gelöst wie woanders auch: Man ließ die Tiere frei, um sich ihrer zu entledigen. Anders als in Deutschland, wo eine ausgesetzte *Boa constrictor* spätestens im Herbst zugrunde geht, fanden die Abgottschlangen auf Aruba ideale klimatische Bedingungen vor. Auch das reichliche Futterangebot (Vögel, Nagetiere und Echsen) sowie das Fehlen natürlicher Feinde kamen ihnen zugute. Kein Wunder also, dass sich die Abgottschlangen in ihrer neuen Heimat rasch vermehrten.

Der erste Fund einer frei lebenden *Boa constrictor* auf Aruba wurde im Jahre 1999 dokumentiert. Bis zum Jahresende 2003 waren bereits 273 Exemplare auf der Insel gefangen worden, darunter zwei trächtige Weibchen. Mittlerweile finden sich die *Boa constrictor* sogar in den Gärten der Vorstädte. Fast täglich werden Exemplare von bis zu 2 m Länge gefangen.

Abb. 123: Der Amerikaner Dennis Sargent ist der Züchter dieser Kolumbianischen *Boa c. constrictor*. Die Erhaltung der Reinrassigkeit kolumbianischer Abgottschlangen hat in den USA eine längere Tradition als hierzulande. Dieser Umstand ist einigen verantwortungsvollen Züchtern dort zu verdanken.

Foto: H + E Stöckl

Kein Wunder also, dass dieser Neuling in der Schlangenwelt von Aruba von vielen Einheimischen als Plage betrachtet wird.

Einige der Abgottschlangen kommen in Abwasserschächten zur Welt. Die Inselbewohner glauben, dass der Biss eines solchen Exemplars zu einer Infektion mit Bakterien aus den Abwässern führt. Bisher ist allerdings noch nichts Ernstes passiert. Fest steht jedoch, dass die auf Aruba lebenden *Boa constrictor* dem ursprünglichen Tierbestand der Insel zusetzen. Betroffen ist vor allem die „Cascabel" (*Crotalus durissus unicolor*), eine giftige Klapperschlange, die nur in der Wildnis von Aruba vorkommt. Mit ihr steht die Abgottschlange in Nahrungskonkurrenz. Die zweite heimische Schlange, die „Santanero" hat Insekten auf ihrem Speiseplan und ist daher weniger betroffen. Inzwischen wird auf Anordnung der Verwaltung von Aruba jede gefangene Abgottschlange getötet. Diese Maßnahme hat sich jedoch zur Reduzierung der Population bisher als ineffektiv erwiesen.

So wie es aussieht, wird Aruba kein Einzelfall bleiben. Im Februar 2006 erreichte uns ein Bericht von William R. Mohler, Mitarbeiter des Ökologie-Labors der Universität von Florida. Er hatte in den Everglades eine circa 2,5 m lange *Boa constrictor* gefangen, die dort offenbar bereits seit längerer Zeit lebte. Mohler berichtete zudem, dass er schon früher einmal eine Gruppe von *Boa constrictor*-Babys in den Everglades gesehen hatte. Es besteht kein Zweifel daran, dass es sich auch bei diesen Tieren um ausgesetzte Haustier-Boas oder deren Nachkommen handelt. Wir wagen die Prognose, dass es in zehn oder 15 Jahren auch in den Everglades zu ähnlichen Zuständen kommen wird, wie auf Aruba.

Mischlingsboas

Beginnen wir dieses Kapitel mit einer provokativen Aussage: Vom Standpunkt der Arterhaltung betrachtet, müssen die Mischlingsboas als größte Gefahr für den Fortbestand reinerbiger Abgottschlangen außerhalb ihrer Verbreitungsgebiete (also in der Terrarienhaltung) angesehen werden!

Warum das so ist, wollen wir Ihnen, lieber Leser, in diesem Kapitel ausführlich erklären. Wie Sie nach aufmerksamer Lektüre dieses Buchs bereits wissen, sind die meisten *Boa constrictor*-Unterarten im Anhang II, *Boa c. occidentalis* sogar im Anhang I des Washingtoner Artenschutzübereinkommens (CITES) aufgeführt. Das heißt, dass diese Abgottschlangen vom Aussterben bedroht oder – was die Tiere im Anhang I betrifft – sogar in unmittelbarer Gefahr sind, auszusterben.

Es sollte daher das Ziel eines jeden Liebhabers von Abgottschlangen sein, diese Tiere in privater Zucht so zu erhalten, wie sie in der Natur vorkommen. Doch leider ist dies bis heute kaum geschehen. Die Folge ist ein Maß der „Bastardisierung" von *Boa constrictor* in der Terrarienhaltung, welches die Suche nach einem nachgewiesenermaßen reinrassigen Tier zu einem sehr schwierigen Unterfangen werden lässt.

Sie sind der Meinung, dass wir übertreiben? Lesen Sie die folgenden Abschnitte, dann reden wir weiter …

Mischlinge derselben Unterart aus verschiedenen Verbreitungsgebieten

Wir haben in diesem Buch bereits ausführlich dargestellt, dass es von *Boa constrictor* verschiedene Unterarten gibt. In der Mehrzahl der Fälle überschneiden sich deren Verbreitungsgebiete nicht, sondern sind durch natürliche Hindernisse voneinander getrennt. Inzwischen kennen Sie auch den Begriff „Varietäten" und wissen, dass es sich dabei um unterschiedlichen Formen derselben Unterart in verschiedenen Gebieten handelt.

Abb. 124: Diese Rotschwanzboa dürfte wohl weltweit zu den schönsten Exemplaren von *Boa c. constrictor* in der Terrarienhaltung gehören. Das Tier wurde in der Gegend von Pokigron in Surinam gefangen. Es wäre falsch, es mit Rotschwanzboas aus anderen Verbreitungsgebieten (z.B. Peru) zu verpaaren! Foto: H + E Stöckl

Nehmen wir das Beispiel Mexiko. Dem entsprechenden Kapitel über *Boa c. imperator* konnten Sie entnehmen, dass es dort mindestens drei Varietäten gibt. Da sind einmal die Tiere aus der Region von Sonora, dann jene aus dem Hochland von Tarahumara in der Provinz Chihuahua und last but not least die helle Variante aus Cancun. Aus der ausführlichen Beschreibung und dem Bildmaterial im Kapitel über die mexikanischen *Boa c. imperator* wissen Sie bereits, dass diese drei „Sorten“ sehr unterschiedlich aussehen. Zudem ist es schlicht unmöglich, dass eine Tarahumara-Boa mit einer Cancun-Boa irgendwann einmal in der Wildnis von Mexiko zusammentrifft.

Was bekommt man also, wenn man Boas aus Tarahumara mit solchen aus Cancun verpaart? Die Antwort lautet: Mischlinge!

Ähnliche Beispiele lassen sich auch bei *Boa c. constrictor* finden. Die „Rotschwanzboas“ sehen in Surinam anders aus als in Peru, die brasilianischen Varianten aus der Belém – oder Amapa-Region unterscheiden sich sowohl untereinander als auch von ihren Unterartgenossen in Kolumbien und die Trinidad-Rotschwanzboa hat mit ihrer Schwester aus Venezuela auch nur wenig mehr als den Namen gemeinsam - zumindest was das Äußere betrifft.

Wie kommt es nun, dass sich in den verschiedenen Verbreitungsgebieten Tiere derselben Unterart so verschieden entwickelt haben? Ganz einfach: Riesenschlangen sind in der Regel sehr standorttreu. Sie legen im Laufe ihres Lebens – relativ gesehen – keine großen Entfernungen zurück, wenn Sie in dem Gebiet, in dem sie leben, alles haben was sie brauchen. Diese Eigenart führte dazu, dass sich im Laufe der Jahrtausende in den verschiedenen Regionen eines Verbreitungsgebiets Boas mit speziellen Merkmalen hinsichtlich Größe, Färbung und Zeichnung entwickeln konnten.

Gerade diese immense Vielfalt an unterschiedlich aussehenden Tieren derselben Unterart ist es, die *Boa constrictor* für den Liebhaber tropischer Riesenschlangen so faszinierend macht. Und diese Vielfalt sollte auch und besonders in Zeiten fortschreitender Zerstörung der Habitate von *Boa constrictor* der Nachwelt erhalten werden!

In der Natur besteht nicht die Gefahr, dass sich *Boa c. imperator* aus Mexiko mit solchen aus Kolumbien verpaaren. Es wird sich in der freien Wildbahn auch niemals eine *Boa c. constrictor* aus Surinam mit einer ebensolchen aus Peru verpaaren können. Aber in den Terrarien, da ist das möglich – und wird häufig und gerne praktiziert.

Mischlinge aus verschiedenen Unterarten

Die Verpaarung von *Boa constrictor* derselben Unterart aus verschiedenen Verbreitungsgebieten ist bereits ein grober Verstoß gegen das züchterische Prinzip, vom Aussterben bedrohte Tiere so zu erhalten, wie sie in der Natur vorkommen. Noch gravierender ist es jedoch, verschiedene Unterarten miteinander zu verpaaren.

Bis zum Erscheinen des Buchs „Boa constrictor“ von Dr. Hubert Bosch im Jahre 1994 war das Wissen über die verschiedenen Subspezies der Abgottschlange unter den Haltern und Züchtern dieser Tiere nur sehr spärlich verbreitet. Aber auch jene Boa-Liebhaber, die schon einmal etwas von Unterarten gehört hatten, machten sich keinen großen Kopf, wenn es ans Züchten ging – genommen wurde, was vorhanden war.

So kam es, dass bis weit in die 90er Jahre nicht nur in Deutschland, sondern auch in allen anderen europäischen Ländern nur ganz selten reinrassige *Boa constrictor* gezüchtet wurden. Wenn doch einmal ein Wurf reinrassiger Abgottschlangen geboren wurde, war dies eher dem Zufall zu verdanken als der Absicht des Züchters. Diese Aussage gilt mit einigen Einschränkungen auch für die USA.

Wie wir schon im Abschnitt über die Anfänge der Haltung von Abgottschlangen in Deutschland ausgeführt haben, waren es hauptsächlich die kolumbianischen *Boa c. imperator*, die in großer Stückzahl in den 60er und 70er Jahren nach Deutschland importiert wurden. Auch aus Costa Rica kamen nicht wenige Tiere. Dann machten Kolumbien und Costa Rica „dicht" (wie die Großhändler von tropischen Wildtieren so schön sagen). Deshalb besorgten sich die Importeure ihre Boas nun aus Surinam, Guyana, Honduras und Nicaragua, um nur die wichtigsten Exportländer zu nennen.

Ohne Rücksicht auf Unterart oder Verbreitungsgebiet wurden nun alle diese Boas über Jahrzehnte hinweg miteinander verpaart. Es entstanden die typischen Mischlingsboas: Kreuzungen aus *Boa c. constrictor* mit *Boa c. imperator* (meist Kolumbien) oder *Boa c. imperator* aus verschiedenen Herkunftsgebieten, die miteinander verpaart worden waren. Auch hier findet sich häufig ein Tier aus Kolumbien in der Ahnentafel. So kommt es, dass der weitaus größte Teil der Mischlingsboas „Kolumbianerblut" in den Adern hat und daher auch bei den meisten Mischlingen eine mehr oder weniger stark ausgeprägte Ähnlichkeit mit kolumbianischen *Boa c. imperator* besteht.

Abb. 125: *Boa c. imperator* aus der Region um Barranquilla/Kolumbien waren in den 60er und 70er Jahren die am häufigsten nach Deutschland importierten Riesenschlangen. Sie bildeten den Grundstock für das Heer der Mischlingsboas, das heute die Terrarien bevölkert. Bei dem Tier auf dem Foto handelt es sich jedoch um eine reinrassige Kolumbianische Kaiserboa. Foto: H + E Stöckl

Abb. 126: *Boa c. orophias* ist auf der Karibikinsel St. Lucia beheimatet. Der Tourismus und die Angst der Einheimischen vor Schlangen haben dem Bestand dieser Tiere in ihrem natürlichen Verbreitungsgebiet stark zugesetzt. Da es auch in der Terraristik nicht mehr viele Exemplare gibt, wäre eine Einstufung in den Anhang I des Washingtoner Artenschutzübereinkommens erforderlich und wünschenswert.

Foto: H + E Stöckl

Das mysteriöse Verschwinden der Mischlingsboas

Die Kenner der *Boa constrictor*-Szene in Deutschland sind sich in der Frage, wie viele der hierzulande gehaltenen Abgottschlangen Bastardboas sind, ziemlich einig. Legt man den strengen (aber korrekten) Maßstab an, dass auch eine Verpaarung von Tieren derselben Unterart aus verschiedenen Verbreitungsgebieten Mischlingszucht ist, dürfte die Rate irgendwo zwischen 95 und 98 % liegen.

Diese Zahl steht jedoch in einem krassen Widerspruch zu den Anzeigen im Internet oder diversen Fachzeitschriften, in denen fast nur noch „reinrassige" Boas angeboten werden.

Stefan Broghammer (seines Zeichens erfahrener Händler und Kenner des Riesenschlangen-Markts in Deutschland) meinte vor ein paar Jahren dazu spöttisch, dass anscheinend alle Mischlingsboas über Nacht verschwunden seien.

Wie kommt das? Ganz einfach: Bastard-Boas sind seit der Trendwende hin zu den reinrassigen Abgottschlangen Mitte der 90er Jahre kaum noch abzusetzen. Die einzige Möglichkeit, diese Tiere noch an den Mann (oder die Frau) zu bringen ist, wir sagen es jetzt mal ganz deutlich: die Leute zu bescheißen! Jene Zeitgenossen die das tun, machen sich die Tatsache zu Nutze, dass von der breiten Masse der *Boa constrictor*-Liebhaber kaum jemand in der Lage ist, eine Mischlingsboa von einer reinrassigen zu unterscheiden.

Wir behaupten nicht, dass alle, die Mischlinge als reinrassige *Boa constrictor* verkaufen, dies in Betrugsabsicht tun. Viele glauben tatsächlich ganz fest daran, dass ihre Tiere reinrassig sind, weil ihnen genau das damals beim Kauf hoch und heilig versichert wurde.

Andererseits gibt es auch Leute, die bewusst betrügen und sogar hohe kriminelle Energie einsetzen, um ihre Mischlingsboas als reinrassige Exemplare an den Mann oder die Frau zu bringen.

Da werden Lügengeschichten aufgetischt, dass es sich bei dem zum Kauf angebotenen Tier um eine vom Zoll beschlagnahmte „Schmuggelboa" handelt. Uns ist ein Fall in Süddeutschland bekannt, bei dem sogar auf dem PC

eine gefälschte CITES-Bescheinigung hergestellt wurde, um eine derartige Story zu untermauern.

Dieses Dokument, angeblich ausgestellt vom „Zollamt München Flughafen", wurde als „Reinrassigkeitsnachweis" dem geprellten Käufer zusammen mit der Schlange in die Hand gedrückt (zu besichtigen auf unserer Internetseite unter http://www.boa-constrictors.com/de/News/News.htm).

Auch die Story, dass die zum Verkauf stehende Boa von einem „Rucksacktouristen" in Brasilien (oder wo auch immer) gepflückt und nach Deutschland gebracht worden ist, erfreut sich großer Beliebtheit. Selbstverständlich hat der Verkäufer des Tiers den Wahrheitsgehalt dieser Geschichte selbst überprüft und es ist wirklich alles in Ordnung... Spitzenreiter bei der verkaufsfördernden Beugung der Wahrheit ist jedoch die „Wildfang-Behauptung", bei der treudeutsche Mischlingsboas kurzerhand zu Wildfängen erklärt werden. Das zieht immer, denn es gibt kein schlagkräftigeres Argument, um einen „Reinrassigkeitszweifler" sofort zum Verstummen zu bringen.

Manchmal jedoch erfolgt die „Wildfang-Behauptung" nicht einmal in böser Absicht. Uns ist ein Fall bekannt, dass ein Tierarzt eine Mischlingsboa bei der Untersuchung kurzerhand zum Wildfang deklariert hatte, weil sich das Tierchen ziemlich aggressiv zeigte. Überhaupt scheinen nicht wenige Besitzer von *Boa constrictor* der festen Überzeugung zu sein, dass es sich bei einer aggressiven Abgottschlange nur um einen Wildfang handeln kann.

Es ist wirklich kaum zu glauben, wie oft eine Bastardboa mit einer entsprechenden Legende über Nacht reinrassig wird. Deshalb sind immer größte Vorsicht und gesundes Misstrauen beim Erwerb einer Abgottschlange angesagt.

Wie erkenne ich eine Mischlingsboa?

Wir erhalten jede Woche ein halbes Dutzend E-Mails, in denen uns Leute bitten, anhand eines Fotos zu bestimmen, ob ihre *Boa constrictor* reinrassig ist oder nicht bzw. festzustellen aus welchem Verbreitungsgebiet sie kommt.

Eine solche Aussage nur aufgrund der Optik eines Tiers (noch dazu von einem oft grottenschlechten Foto) zu treffen, wäre jedoch grob fahrlässig. Es gibt mittlerweile genügend Mischlingsboas, die optisch kaum oder gar nicht von einer reinrassigen *Boa constrictor* zu unterscheiden sind. Ein gutes Beispiel hierfür sind Kreuzungen von kolumbianischen *Boa c. imperator* mit so genannten Surinam-Rotschwanzboas.

Bei der Verpaarung einer hellen, rotschwänzigen kolumbianischen *Boa c. imperator* mit einer *Boa c. constrictor* aus Surinam hat man die fast 100 %ige Gewissheit, dass bei dem Wurf einige Babys dabei sein werden, die sich äußerlich so gut wie gar nicht von reinrassigen Surinam-Rotschwanzboas unterscheiden. Die Sache fliegt erst auf, wenn mit diesen Tieren später nachgezüchtet wird und im Wurf der Genpool aus Kolumbien in drastischer Weise optisch zu Tage tritt.

Ähnliches gilt für die Verpaarung von Crawl Cay-Boas mit Imperatoren aus El Salvador. Die Zeichnung und Färbung mancher El Salvador-*Boa c. imperator* ist der von Bélize-Tieren sehr ähnlich. Die Unterschiede im Körperbau, der Kopfform und des Muskeltonus erschließen sich nur sehr erfahrenen Haltern von Abgottschlangen. Bei einem Wurf solcher Mischlinge sind ebenfalls mit Sicherheit einige Exemplare dabei, die problemlos selbst bei „Boa-Profis" als die seltenen und begehrten „Bélize-Tiere" durchgehen. Daher ist die einzig sichere Methode, eine Mischlingsboa von einer reinrassigen zu unterscheiden, die genaue Kenntnis der Herkunft.

Abb. 127:
Die Herkunft dieser *Boa c. sabogae* lässt sich lückenlos bis ins Verbreitungsgebiet zurückverfolgen.
Eine mit entsprechenden Dokumenten belegte Abstammung stellt den Idealfall dar, der jedoch selten erreicht werden kann.

Foto:
H + E Stöckl

Als Paradebeispiel für diesen Merksatz können unsere *Boa c. sabogae* dienen. Bei dieser Unterart sind wir im Besitz der entsprechenden Dokumente die belegen, dass unsere Zuchtgruppe im Jahr 2002 in einem Serpentarium in Costa Rica zur Welt kam und dann nach Deutschland importiert wurde. Desweiteren können wir durch eine Ausfuhr-CITES, ausgestellt von den Behörden in Panama und eine Einfuhr-CITES von Costa Rica belegen, dass die Eltern unserer Zuchttiere mit Erlaubnis der Behörden von Panama im Februar 1999 nach Costa Rica importiert wurden. Da der Betreiber des Serpentariums diese Tiere selbst gefangen hat, kennen wir sogar den Fundort.

Diese exakte, mit entsprechenden Papieren belegte Dokumentation stellt den Idealfall dar, der leider in den seltensten Fällen erreicht werden kann. Notgedrungen muss man sich deshalb beim Erwerb einer reinrassigen *Boa constrictor* auch mit etwas weniger handfesten Beweisen zufrieden geben.

Auf alle Fälle sollte sich jedoch der Stammbaum beider Elternteile des angebotenen Tiers bis ins ursprüngliche Verbreitungsgebiet zurückverfolgen lassen. Dazu ist meist ein wenig Detektivarbeit nötig. Es gilt, Schritt für Schritt jeden der Vorbesitzer ausfindig zu machen und zu befragen. Auf diese Weise kommt man dem Ursprung der zu erwerbenden Tiere immer näher.

Als großer Vorteil erweist sich häufig auch die Tatsache, dass diese früheren Besitzer oder Züchter kein finanzielles Interesse an der Sache haben und deshalb meist unverblümt mit der Wahrheit herausrücken, wenn die Herkunft der Tiere ungesichert ist. So kommen dann die Lügengebäude zum Einsturz…

Aber auch ein positives Ergebnis kann am Ende solcher Nachforschungen stehen. Bei der deutschen Blutlinie unserer kolumbianischen *Boa c. constrictor* (um ein Beispiel zu nennen) bestätigte der ursprüngliche Züchter, der ehemalige Besitzer der Großeltern, die Reinrassigkeit der Tiere. Die Tatsache, dass er inzwischen keine Riesenschlangen mehr besitzt und daher auch kein Interesse daran hat zu lügen, trägt ebenso zu seiner Glaubwürdigkeit bei wie der Umstand, dass es sich seinerzeit um einen renommierten Züchter handelte.

Und wenn dann auch noch das Aussehen der Boas ins entsprechende Bild passt, ist man auf der sicheren Seite. Aber ohne eine lückenlose Kenntnis des Stammbaums kann man nie ausschließen, dass nicht irgendwer etwas anderes drunter gemischt hat.

Was sonst noch bleibt ist, nur aus einer absolut vertrauenswürdigen Quelle Tiere zu erwerben. In diesem Fall kann man auf die „Ahnenforschung" verzichten. Hier sollte es sich aber um Züchter handeln, deren Name über jeden Zweifel erhaben ist. Diese sind zwar dünn gesät, dennoch gibt es sie.

Abb. 128: Es gibt kaum einen Liebhaber von Abgottschlangen, der nicht der faszinierenden Kopfzeichnung von *Boa c. longicauda* erliegt. Bei diesen handelt es sich wohlgemerkt nicht um Designer-Boas.

Foto: H + E Stöckl

Designerboas
Die „boa industry"

In der Europäischen Terraristikszene überwiegen eindeutig die Bestrebungen, Abgottschlangen so zu erhalten und weiter zu züchten, wie sie in der Natur vorkommen. Auf diese Weise leisten jene, die sich diesem Anliegen verschrieben haben, einen wichtigen Beitrag zur Arterhaltung dieser vom Aussterben bedrohten Tiere.

In den USA jedoch sieht die Sache etwas anders aus. Die Zuchtbestrebungen dort konzentrieren sich auf die massenhafte Produktion von Mischlingsboas, die aufgrund von fehlerhaften Erbanlagen im Vergleich zu wildfarbenen Tieren mehr oder weniger gravierende Abweichungen in Zeichnung und Färbung aufweisen.

Das ganze wird im Sprachgebrauch der US-Terraristikszene unter dem Begriff „boa industry" zusammengefasst. Den Ausdruck „Industrie" im Zusammenhang mit der Zucht von Tieren zu verwenden, zeugt von einer bedenklichen Entwicklung. Dies um so mehr, als der Begriff zutreffend ist, denn die ganz Großen der „boa industry" halten zwischen 600 und 1200 Abgottschlangen in lagerhallenähnlichen Gebäuden. Dort sind die Tiere in (bis an die Decke gestapelten) kastenförmigen Behältnissen meist ohne Unterschlupf und Klettermöglichkeit untergebracht.

Das Ziel einer solchen Massenhaltung ist es, Sie ahnen es sicher schon, möglichst viel Geld zu verdienen. Nun ist Geld verdienen an und fur sich nichts Verwerfliches. Wenn dies aber häufig dadurch geschieht, dass reinrassige und vom Aussterben bedrohte *Boa constrictor* systematisch mit – um es höflich zu formulieren – genetisch von der Norm abweichenden Mischlingsboas verpaart werden, versündigt man sich an der Natur.

Ziel solcher Zuchtprojekte ist es, Farbverbesserungen bei den Mutanten zu erzielen, frisches Blut in die teilweise schwer inzuchtgeschädigten Linien dieser Tiere zu bringen oder einfach nur mit der Methode „Versuch und Irrtum" neue Variationen zu kreieren.

Abb. 129: Ein genetischer Defekt ist schuld daran, dass diese *Boa constrictor* nicht in der Lage ist, den schwarzen Pigmentstoff Melanin zu bilden. Solche Tiere bezeichnet man als amelanistisch. Im Volksmund werden sie auch als „Albinoboas" bezeichnet. Die Gründe für die niedrige Fortpflanzungsrate bei diesen Tieren und das Auftreten von einäugigen Exemplaren in den Würfen könnten in der exzessiven Inzucht liegen, die bei den „Albinoboas" von Anfang an praktiziert wurde. Foto: H + E Stöckl

Die Designer-Boas

Statt mit der Zucht von gesunden, reinrassigen Abgottschlangen einen Beitrag zur Arterhaltung zu leisten, wird also das wertvolle Potential dieser Tiere an genetische Krüppel verschwendet. Der Grundstein der amerikanischen „Boa Industrie" wurde durch das Auftauchen der ersten „Albino-*Boa constrictor*" im Jahr 1983, die für die damals unglaubliche Summe von 10.000 US$ pro Exemplar den Besitzer wechselten, gelegt.

Aufgrund eines genetischen Defekts sind diese Tiere nicht in der Lage, das schwarze Pigment Melanin zu produzieren. Der Fachausdruck hierfür ist Amelanismus. Dieser genetische Defekt vererbt sich auch an die Nachkommen. Und genau darauf basiert das ganze Elend mit der Zucht von Designer-*Boa constrictor* in den USA.

Amelanismus ist nämlich nicht die einzige Anomalie, die auftreten kann. Da gibt es auch noch anerythristische (Fehlen der roten Pigmentierung), hypomelanistische (Unterfunktion bei der Synthese des schwarzen Pigments Melanin), melanistische (Übermaß des schwarzen Pigments Melanin), xanthische (erhöhter Gelbanteil) und erythristische (erhöhter Rotanteil) Tiere. Diese Aufzählung ist nicht vollständig, sie beschreibt nur die häufigsten Defekte.

Neben der genetisch bedingten abnormalen Färbung gibt es auch noch eine Fülle von ebensolchen Abweichungen im Zeichnungsmuster.

Jede dieser absonderlich aussehenden Boas bekam dann eine einprägsame Vermarktungsbezeichnung wie zum Beispiel „Albino Boa", „Salmon Hypo" oder „Black Muted".

Durch geschickte Vermarktung machten die jeweiligen Erstanbieter einige Jahre ein gutes Geschäft mit diesen Farb- und Zeichnungsmutanten der ersten Generation. Schon damals wurden in exzessiver Weise immer wieder blutsverwandte Tiere miteinander verpaart, um möglichst schnell so viel wie mög-

lich dieser abnormalen Exemplare zu produzieren.

Viele, die sich solche Nachzuchten kauften (und diese nicht selten über Kredite finanzierten), waren geblendet von den Gewinnen der Züchter der ersten Stunde. Um auch noch ein Stück vom Kuchen abzubekommen versuchten auch sie innerhalb kürzester Zeit möglichst viele dieser Freaks zu züchten. Mit anderen Worten, die exzessive Verpaarung von blutsverwandten, genetisch defekten Tieren wurde fortgeführt. Doch die „Großen" in der Boa-Industrie hatten nicht geschlafen und waren keinesfalls bereit, den Züchtern von „Morphs" (wie diese Designerboas in den USA auch genannt werden) der zweiten und dritten Generation den Markt zu überlassen.

Inspiriert durch das Vorbild des Augustinermönches Gregor Mendel, der 1865 durch systematische Kreuzung von Erbsen und Bohnen die Gesetze der Vererbung entdeckte, verwendeten einige findige US-Züchter statt dem besagten Gemüse *Boa constrictor*-Schlangen mit genetischen Abweichungen und verpaarten sie gezielt miteinander. Sie taten das in der Absicht, völlig neue und noch absonderlicher aussehende Abgottschlangen zu kreieren. Die „Designer-Boas" waren geboren.

Jene Leute, die für viel Geld von den Großen der Branche Albino-Boas oder Hypo Boas in der Hoffnung erworben hatten, später einmal mit den ersten eigenen Nachzuchten auch noch ordentlich zu verdienen, wurden bitter enttäuscht. Als sie nämlich die ersten eigenen Nachzuchten hatten, waren die Preise schon erheblich gefallen und zudem ihre „Morphs" schon der Schnee von gestern.

Die Großen der Branche hatten bereits eine neue Gelddruckmaschine: Weiße Abgottschlangen, die „Snowboas". Diese waren die ersten Modelle aus den zu Designerwerkstätten verkommenen Zuchtbetrieben der Boa-Industrie in den USA.

Damit Sie eine Ahnung davon bekommen, wie so etwas vor sicht geht, hier das Rezept für eine „Snowboa": Man nehme eine amelanistische („Albino") *Boa constrictor* und verpaare sie mit einer anerythristischen/axanthischen. Als nächstes werden dann die Jungen aus dieser Verbindung untereinander verpaart (womit wir wieder beim Thema Inzucht sind). Klappt das und kommt es zur Fortpflanzung so erhält man (so will es die Mendelsche Vererbungslehre) statistisch gesehen pro 16 Junge eines Wurfs eine so genannte „Snowboa". Dass anschließend kein frisches Blut reingezüchtet wird, sondern wieder nur Geschwister miteinander verpaart werden, um innerhalb kurzer Zeit möglichst viele solcher Tiere zu produzieren, versteht sich von selbst.

Abb. 130: Ein aberrant gezeichnetes Jungtier, aus einer Nachzucht bolivianischer *Boa constrictor amarali*. Im Bereich der Terraristik gibt es nicht wenige Liebhaber solcher Fehlzeichnungen. Unserer Ansicht nach ist so etwas noch vertretbar, da auch in der Natur Abgottschlangen mit Fehlzeichnung gefunden werden.

Foto: H + E Stöckl

Nach dieser Aktion wurde das mit einem Gewehrschuss getötete Tier von den stolzen Großwildjägern nachgemessen und die Legende von der fünfeinhalb Meter langen Rekord-*Boa constrictor* war geboren. Allerdings handelte es sich bei dem getöteten Reptil nicht um eine Abgottschlange, sondern um eine Grüne Anakonda (*Eunectes murinus*), die fälschlicherweise für eine *Boa constrictor* gehalten wurde.

Es ist der Verdienst von Hans E. A. Boos, dass dieser Irrtum 1992 aufgeklärt wurde. Boos ist der ehemalige Kurator des Emperor Valley Zoo auf Trinidad und Autor von vielen Veröffentlichungen, darunter das Buch „The Snakes of Trinidad and Tobago". Boos konnte nicht nur dokumentieren, dass Pittendrigh den Unterschied zwischen einer *Boa constrictor* und einer Anakonda nicht kannte, sondern er sprach auch noch mit einem Mitarbeiter Pittendrighs, der bei der Tötung der Schlange dabei war und der bestätigte, dass es sich um eine „Huille" (die örtliche Bezeichnung für *Eunectes murinus*) gehandelt hatte und nicht um eine „Macajuel" (*Boa constrictor*).

Und jetzt kommt der „Spinat-Effekt" ins Spiel: Die Legende von der 5,5 m langen Abgottschlange ist nicht totzukriegen, denn sie findet sich nach wie vor überall, wo etwas über *Boa constrictor* geschrieben steht, sogar in dem Standardwerk von Dr. Bosch. Nicht zuletzt dieser Falschinformation ist es zu verdanken, dass man sich in Bayern genötigt sah, *Boa constrictor* pauschal als gefährliches Tier im Sinne des Landesstraf- und Verordnungsgesetzes (LStVG) einzustufen. Mehr dazu im Kapitel „Rechtliches".

Doch wie groß werden Abgottschlangen nun wirklich?

Abgesehen von seinem folgenreichen Ausrutscher mit der Trinidad-Monster-Boa ist James Oliver gar nicht so weit von der Wahrheit entfernt. Er schreibt nämlich im selben Kapitel, dass nur wenige Exemplare von *Boa constrictor* die 3 m-Marke überschreiten.

Damit hat er Recht. Wie Hans E. A. Boos in seinem 1992 veröffentlichten Artikel weiter ausführte, faszinierte ihn der Bericht über die Riesen-Boa in dem Buch von James Oliver dermaßen, dass er begann, selbst nach einer *Boa constrictor* mit vergleichbarer Größe zu suchen.

Erst als sich herausstellte, dass es

Abb. 133: Die Größe des Männchens spielt bei der Fortpflanzung keine Rolle. Dieses bolivianische Amarali-Männchen wurde trotz seiner geringen Länge von 120 cm bereits zweimal Vater. Die Mütter wogen das Fünffache und waren fast doppelt so lang.
Foto: H + E Stöckl

sich bei dem Tier um eine Anakonda gehandelt hat, stellte Boos seine (natürlich erfolglose) Suche ein. Die größte Abgottschlange, die er während dieser Zeit entdeckt hatte, war etwa 360 cm lang und lebte im Zoo von Georgetown in Guyana.

Und in diesem Bereich dürfte sich auch die maximal erreichbare Länge von *Boa constrictor* bewegen. Wohl gemerkt: Wir sprechen hier von absoluten Ausnahmefällen, etwa vergleichbar mit 2,20 m großen Menschen. Die durchschnittliche Länge geschlechtsreifer Weibchen von *Boa c. constrictor* liegt nach unserer Erfahrung bei etwa 2,20 m.

Wie groß eine Abgottschlange wird, hängt von verschiedenen Faktoren ab, die wir uns jetzt einmal näher ansehen wollen:

1. Unterart

Die Subspezies von *Boa constrictor* haben nicht nur unterschiedliche Merkmale was Zeichnung, Färbung und Anzahl der Schuppen betrifft. Auch in der erreichbaren Länge unterscheiden sie sich teilweise erheblich.

Zweifellos wird von allen Unterarten die Nominatform, also *Boa c. constrictor*, am größten.

Nach unserer Erfahrung sind es insbesondere die Tiere aus dem Verbreitungsgebiet Peru, die nochmal ein Stück größer werden als Vertreter dieser Unterart in anderen Regionen, wie Surinam oder Guyana. Sie sehen, hier kommt schon der nächste Punkt ins Spiel, nämlich das Verbreitungsgebiet.

Abb. 134: Mit mehr als 30 kg Körpergewicht und einer Länge von circa 3,2 m gehört diese knapp zehnjährige Mischlingsboa zu den größten und schwersten Abgottschlangen Europas. Sich solch ein Tier um den Hals zu hängen ist nicht unbedingt eine gute Idee und sollte daher nicht als Beispiel dienen.

Foto: Peter Thomann

Abb. 135: Die Subspezies von *Boa constrictor* unterscheiden sich nicht nur durch Färbung, Zeichnung und Anzahl der Schuppen, sondern auch durch die Größe und den Körperbau. Auch zwischen den einzelnen Varietäten der selben Unterart gibt es Größenunterschiede. Dieses Tier aus Belém in Brasilien gehört eher zu den kleineren Formen von *Boa c. constrictor*.

Foto: H + E Stöckl

2. Verbreitungsgebiet

Dieses spielt hinsichtlich der erreichbaren Größe der Tiere besonders bei *Boa c. imperator* eine sehr wichtige Rolle. Während einzelne Kaiserboas in Kolumbien die 3 m-Marke knacken können und dabei ein Gewicht von bis zu 30 kg erreichen, bleiben die Vertreter dieser Unterart in Mittelamerika in der Regel weit darunter. Besonders die Honduras-Festlandsform gilt als Zwerg unter den Imperatorboas mit einer Länge von durchschnittlich kaum mehr als 150 cm, bei einem Gewicht von um die 3 kg.

Dies ist nur ein Beispiel von vielen. Auf die durchschnittliche Größe der verschiedenen Unterarten in den jeweiligen Verbreitungsgebieten sind wir ja im Artenteil schon eingegangen.

3. Geschlecht

Bei *Boa constrictor* ist es grundsätzlich so, dass die Männchen wesentlich kleiner und schlanker bleiben als die Weibchen.

4. Futterangebot

Das Futterangebot sollte als Faktor für die maximal zu erreichende Größe ebenfalls nicht unterschätzt werden. Das gilt sowohl für die Tiere in der Terrarienhaltung als auch für jene in der freien Natur. Je mehr eine Abgottschlange während der ersten fünf Lebensjahre zu fressen bekommt, desto größer wird sie. Auch vermeintlich klein bleibende Boas erreichen in der Terrarienhaltung bei intensiver Fütterung eine Länge, die erheblich über der von den wildlebenden, „normal“ ernährten Artgenossen liegen kann.

Der Grund: Das meist spärlichere Futterangebot auf den Inseln hemmt das Wachstum. Wie bereits erwähnt, wird dieser Umstand gerade von Scott M. Boback, PhD von der Auburn Universität, Department of Biological Sciences wissenschaftlich untersucht. In seinem Labor werden Bélize-Boa-Jungtiere vom Festland und von Crawl Cay unter identischen Bedingungen

Abb. 136: Auch *Boa c. constrictor* aus Brasilien können eine imposante Größe erreichen. Obwohl nur mit Ratten gefüttert, ist dieses siebenjährige Weibchen gut 2,8 m lang. Es hat das Futter immer besser verwertet als alle anderen unserer Boas. Dabei spielen wahrscheinlich auch die Gene eine Rolle.

Foto: H + E Stöckl

gefüttert, um zu sehen ob die unterschiedliche Größe genetisch oder umweltbedingt ist, oder ob beide Faktoren eine Rolle spielen.

5. Genetische Veranlagung

Es sind die Gene, die festlegen, dass manche Menschen sehr groß werden und andere relativ klein bleiben. Das ist auch bei den Abgottschlangen so. Es gibt Blutlinien von reinrassigen „Surinam-Rotschwanzboas" (*Boa c. constrictor*), in denen die Weibchen trotz guter Fütterung und perfekter Gesundheit im Alter von sechs Jahren noch nicht einmal 170 cm lang sind, obwohl die Nominatform – wie bereits erwähnt – die größten Vertreter dieser Spezies hervorbringt. Solche „Zwergrotschwanzboas" fressen zwar super, wachsen aber trotzdem nur sehr langsam.

Dann gibt es wiederum Blutlinien, in denen die Weibchen jede einzelne Futterratte bestmöglich in Länge und Masse umzusetzen scheinen und trotz zurückhaltender Fütterung bereits mit sechs Jahren über 2,5 m lang sind. Beim Erwerb von Nachzuchten ist es deshalb immer von Vorteil, sich die Eltern anzusehen. Daraus lassen sich Rückschlüsse auf die zu erwartende Größe der Jungen ziehen.

6. Das Alter

Boa constrictor wachsen solange sie leben. Die ersten fünf bis sechs Jahre schnell, danach nur noch langsam. Um eine stattliche Größe zu erreichen, müssen diese Tiere also ein hohes Alter erreichen.

Das ist wahrscheinlich der Grund, warum kaum mehr Riesenschlangen von spektakulärer Größe gefunden werden. Diese Tiere leben einfach nicht mehr lange genug, um entsprechende Abmessungen zu erreichen. Über kurz oder lang begegnen sie einem der immer weiter in ihren Lebensraum vordringenden Vertreter von *Homo sapiens*, der ihr Leben schließlich ohne zu zögern beendet. Ab einer gewissen Größe ist es halt schwer, nicht bemerkt zu werden, wie das Beispiel von Pittendrighs Anakonda zeigt…

Rechtliches

Da sicherlich der eine oder andere Leser dieses Buches Interesse an der Haltung einer *Boa constrictor* hat, wollen wir in diesem Werk noch kurz einige Aspekte der rechtlichen Seite dieses Themas behandeln. Beginnen wir mit der Meldepflicht.

In § **6 Abs. II** der **Bundesartenschutzverordnung (BArtSchV)** heißt es: „*Wer Wirbeltiere der besonders geschützten Arten, ausgenommen Tiere der in Anlage 5 aufgeführten Arten hält, hat der nach Landesrecht zuständigen Behörde unverzüglich nach Beginn der Haltung den Bestand der Tiere und nach der Bestandsanzeige den Zu- und Abgang sowie eine Kennzeichnung von Tieren unverzüglich schriftlich anzuzeigen; die Anzeige muss Angaben enthalten über Zahl, Art, Alter, Geschlecht, Herkunft, Verbleib, Standort, Verwendungszweck und Kennzeichen der Tiere. Die Verlegung des regelmäßigen Standorts der Tiere ist unverzüglich anzuzeigen.*“

Soweit der Gesetzestext. Obwohl alle Unterarten von *Boa constrictor* unter die Bestimmungen des § **6 Abs. II BArtSchV** fallen, müssen *Boa c. imperator* und *Boa c. constrictor* seit Anfang 2005 nicht mehr gemeldet werden. Der Grund dafür ist, dass diese beiden Unterarten in der im Gesetzestext bezeichneten **Anlage 5** zur Bundesartenschutzverordnung aufgeführt und somit von der Anzeigepflicht ausgenommen sind. Wohlgemerkt: Dies gilt nur für *Boa c. imperator* und *Boa c. constrictor*, alle anderen Unterarten sind meldepflichtig!

In die besagte **Anlage 5** wurden jene besonders geschützten Wirbeltiere aufgenommen, die inzwischen in ausreichender Anzahl in Deutschland nachgezogen werden. Man geht davon aus, dass hier illegale Aktivitäten nicht mehr lohnend sind. Der Wegfall der Anzeigepflicht für *Boa c. imperator* und *Boa c. constrictor* bedeutet jedoch nicht, dass man den Behörden künftig keine Rechenschaft mehr über solche Tiere

Abb. 137: Auch Mutter Natur ist in der Lage, Abgottschlangen mit strahlenden Pastellfarbtönen hervorzubringen – wie dieses Foto einer Farmnachzucht aus Kolumbien belegt. Tiere mit diesem Habitus werden in der Gegend um Villavicencio gefunden.

Foto: H + E Stöckl

Abb. 138: Kopfstudie einer *Boa c. longicauda.*

Foto: H + E Stöckl

schuldig ist. Denn neben der Anzeigepflicht gibt es auch noch die in **§ 49 BArtSchV** geregelte Nachweispflicht. Und das liest sich so:

„*Wer lebende Tiere der besonders geschützten Arten besitzt oder die tatsächliche Gewalt darüber ausübt, kann sich gegenüber den nach Landesrecht zuständigen Behörden auf eine Berechtigung hierzu nur berufen, wenn er auf Verlangen diese Berechtigung nachweist oder nachweist, dass er oder ein Dritter die Tiere vor ihrer Unterschutzstellung als besonders geschützte Arten oder vor ihrer Aufnahme in eine Rechtsverordnung nach § 52 Abs. 4 in Besitz hatte.*"

In der Praxis bedeutet das, dass man den Erwerb einer *Boa c. constrictor* oder *Boa c. imperator* zwar nicht mehr bei der zuständigen Unteren Naturschutzbehörde seines Landkreises anzeigen, aber auf deren Verlangen den legalen Besitz der entsprechenden Tiere nachweisen muss.

Das heißt, wenn die Behörde durch irgendeinen Umstand erfährt, dass Herr Huber oder Frau Meier eine *Boa c. constrictor* hält und sich der zuständige Sachbearbeiter bei der Behörde bemüßigt fühlt, den legalen Besitz dieses Tieres zu überprüfen, so ist man ihm Rechenschaft schuldig. Eine solche Überprüfung erfordert im Übrigen keinen Anfangsverdacht hinsichtlich irgendwelcher Unregelmäßigkeiten!

Der legale Besitz wird bei *Boa c. occidentalis* mittels einer CITES-Bescheinigung, die mit einem Foto des Tiers oder der Transponder-Nummer versehen sein muss, nachgewiesen.

Bei den anderen Abgottschlangen-Unterarten gilt ein Herkunftsnachweis, der beim Erwerb einer Abgottschlange

Abb. 142:
Kopfstudie von
Boa c. ortonii.

Foto:
Claudia Koch

Dies ist das erste Mal, dass ich einer freilebenden *Boa constrictor ortonii* begegne. Javier, der Wildhüter, hält sie nur mit Mühe in seinen kräftigen Händen und ich bin beeindruckt von der Schönheit dieses Reptils. Dunkle Sattelflecken befinden sich auf dem sandfarbenen Rücken, die gräulich-braunen Körperseiten weisen eine dunkle teilweise rautenförmige Fleckung auf. An den Kopfseiten fällt auf einigen hellen Schuppen eine schöne rosafarbene Tönung auf.

Endemisch ist diese Boidae nur in den Trockenwäldern des nordwestlichen Perus. In einem solchen Gebiet befindet sich etwa 40 km östlich der Küstenstadt Chiclayo im Departamento Lambayeque das 34.000 ha große Reservat Chaparrí, in welchem ich für vier Monate (April bis August 2005) mein Lager aufgeschlagen habe, um die wenig bekannte Herpetofauna zu erforschen. Die Vegetation wird hier bestimmt durch Kakteen, Bromelien und Mimosagewächse und die meisten Bäume verlieren in der Trockenperiode ihr Laub. Neben 188 verschiedenen Vogelarten treten 14 Säugetierarten, darunter Ameisenbär, Brillenbär und Puma, sowie vier Amphibien- und 22 Reptilienarten auf.

Im Verlauf meines Aufenthalts gehen mir die angriffslustigen kreischenden Truthähne immer mehr auf die Nerven, der anmutigen Boa gehört meine Sympathie: Wie sie sich elegant und nahezu geräuschlos den Weg durch die strauchige Vegetation bahnt oder im nahe gelegenen See kaum sichtbar auf der Lauer nach badenden Vögeln liegt.

Die Körperlängen der gefundenen Tiere unterscheiden sich in beiden Geschlechtern stark voneinander. Die Weibchen erreichen Gesamtlängen zwischen 1530 mm und 2520 mm, die wesentlich kleineren Männchen erreichen lediglich eine Gesamtlänge von 980 bis 1560 mm. Die Schwanzlängen variieren bei den Weibchen zwischen 120 mm und 228 mm, bei den Männchen zwischen 120 mm und 193 mm. Das Gewicht der Weibchen beträgt zwischen 1,99 kg und 7,5 kg, die Männ-

chen erreichen lediglich ein Gewicht zwischen 0,29 bis 1,66 kg. Die Anzahl der Ventralia (Bauchschilder) liegt bei beiden Geschlechtern zwischen 228 bis 261, die Anzahl der Subcaudalia (Unterschwanzschuppen) variiert zwischen 31 und 66. Bei einigen Männchen sind die Kloakensporne sehr deutlich ausgebildet (*Anmerkung H + E Stöckl: Die Verfasserin hat insgesamt zehn Exemplare von* ***Boa c. ortonii*** *gefangen und vermessen*).

Von allen in Chaparrí vorkommenden Schlangenarten sind nur drei wirklich giftig und vor allem die Lanzenotter *Bothrops barnetti* kann aufgrund ihres aggressiven Verhaltens dem Menschen gefährlich werden. Einige angrenzende Dorfbewohner mussten schon schmerzhafte oder gar tödliche Erfahrungen mit dieser Schlange machen und desöfteren höre ich Einheimische von einer „Cascabel" reden, wenn es sich offensichtlich um eine Boa handelt, obwohl diese in Südamerika eigentlich den Namen „Macanche" trägt. Als „Cascabel" werden hingegen nur die stark giftigen Schlangen bezeichnet. Diese Verwirrung zeigt, dass häufig die Ungiftigkeit der meisten peruanischen Schlangen nicht bekannt ist, was dem allgemeinen Ansehen der Schlangenfauna nicht gerade dienlich ist. In vielen Gebieten töten die Einheimischen aus Angst alles, was einer Schlange ähnlich sieht und auch die Boa ist dabei, trotz ihres geschützten Status, ein häufiges Opfer. Gelegentlich findet man tote Exemplare auf dem Schamanenmarkt von Chiclayo, es ist einer der größten Perus und hier findet man alles, was irgendwie essbar ist oder einem Hexenzauber dienen kann, wie grüne Leguane oder eben auch Boas.

In Chaparrí werden diese Tiere jedoch streng geschützt darum kann man sie hier recht häufig antreffen. Vier Tiere entdecke ich tagsüber in flachen, 25 bis 30 °C warmen Still- bzw. langsam fließenden Gewässern. Auch am Rande dieser Gewässer sieht man häufiger Federbüschel liegen, die darauf schließen lassen, dass hier schon früher Vögel Opfer einer im Wasser lauernden Boa geworden sind. Ein männliches und ein weibliches Tier kann ich gemeinsam auf einem sonnenexponierten Stein direkt an einem Bachlauf in beinahe völliger Regungslosigkeit beobachten. Bei Spaziergängen durch das Reservat kreuzen vier Tiere den staubigen, steinigen Weg.

Einmal führt mich Javiers Sohn zu seinem Vater, der einen großen grünen Leguan in einem Baum entdeckt hat, ein Tier, das ich schon immer einmal in freier Wildbahn erleben wollte. Als wir nach einem etwa halbstündigem Fußmarsch an der Fundstelle ankommen, zeigt sich uns jedoch ein völlig anderes Bild: Der Leguan liegt tot auf dem Boden vor einer großen Boa, die gerade nach einer geeigneten Ansetzstelle zum Verschlingen des Tieres sucht. Glücklicherweise kann ich später aber noch häufiger adulte und juvenile Exemplare des grünen Leguans in den Baumkronen oder im dichten, hohen Gras beobachten.

Javier erzählt mir noch von einer merkwürdigen Entdeckung, er habe bereits zweimal eine tote Boa neben einem toten Stinktier gefunden. Dass die Beute zu groß für die Boa war, erscheint beim Anblick des kleinen Stinktiers, das hier kaum größer als eine große Ratte wird, relativ unwahrscheinlich. Neben ihrem Aussehen und der eleganten Fortbewegungsweise lerne ich schließlich auch den praktischen Nutzen der Boa kennen: In unserer Vorratskammer haben Ratten sämtliche Lebensmittel angefressen und machen selbst vor Aufbewahrungsdosen aus Plastik keinen Halt. Wenn ich jetzt gerade eine Boa zur Hand hätte, würde ich sie ein Weilchen hier hinein setzen und mal richtig aufräumen lassen, denke ich mir nur…

Danksagungen

Zum Abschluss dieses Buchs dürfen einige Zeilen des Dankes an jene, die durch ihre Hilfe bzw. bereitwillige Auskunftserteilung zum Gelingen dieses Werks beigetragen haben, nicht fehlen.

Peter Hoch und Hansjörg Winner aus Waldkirch, sowie Bernhard Gudrich aus Dreieich und Ulrich Sieling aus Düren lieferten uns wertvolle Informationen über die Anfänge und die weitere Entwicklung der *Boa constrictor*-Haltung in Deutschland.

Herr Schepp von der wissenschaftlichen Abteilung des Bundesamtes für Naturschutz beantwortete stets freundlich und kompetent unsere die Taxonomie sowie die Validität der einzelnen Unterarten von *Boa constrictor* betreffenden Fragen.

Bei Herrn Regierungsdirektor Adams vom Bundesumweltministerium waren wir in den besten Händen, als wir für das Kapitel über Rechtsfragen im Zusammenhang mit der Haltung von Abgottschlangen recherchierten.

Herr Dr. Wolfgang Wüster von der School of Biological Sciences der University of Wales ließ uns jene Unterlagen zukommen, in denen der Mythos von der 5 ½-Meter-*Boa constrictor* schwarz auf weiß widerlegt ist. Mike Dloogatch, Publications Secretary von der Chicago Herpetological Society hatte uns vorher auf die richtige Spur gebracht.

Professor William W. Lamar vom College of Sciences der University of Texas hat das Buch durch seine neuen Erkenntnisse bezüglich des Verbreitungsgebietes von *Boa c. ortonii* bereichert. Er teilte uns zudem noch einige andere interessante Hintergründe zum Thema Longicauda/Ortonii mit.

Die ausführlichen Informationen über Abgottschlangen als invasive Spezies auf Aruba erhielten wir von dem Niederländer Roel Uckerman, der auf Aruba lebt.

Eine große Bereicherung für dieses Buch ist der Bericht über die Feldstudien an *Boa c. ortonii* von Dipl. Biol. Claudia Koch. Dank gebührt auch unseren Freunden Vincent Russo (New York), Kevin und Charlotte Barnett (Florida), Dennis Sargent (Florida) und Jim Pomaville (Michigan), für die wertvollen Informationen aus der US-*Boa constrictor*-Züchter-Szene, besonders betreffend die Inselformen von *Boa constrictor* sowie Designerboas, *Boa c. longicauda* und *Boa c. amarali*. Wertvolle Informationen über die letztgenannte Unterart verdanken wir auch Francis C. Vasquez aus Bolivien.

Dem leider kürzlich verstorbenen Dr. Omar Pesantes Segura aus Lima/Peru, der uns Informationen über *Boa c. ortonii* sowie Bilder dieser Unterart zukommen ließ, werden wir immer ein ehrendes Andenken bewahren.

Unser Dank gebührt auch all jenen, die Fotos für dieses Buch zur Verfügung gestellt haben. Wir wollen Sie hier nicht noch einmal extra erwähnen, da sie bereits in den Bildunterschriften vermerkt sind.

Abb. 143: Dank der Tageslicht Leuchtstoffröhren von Repti Glo kommen die Farben der Abgottschlangen im Terrarium fast so gut zur Geltung wie in der Natur bei Sonnenlicht.

Foto: H + E Stöckl

Glossar

Aberrant: Von der Norm abweichend, anormal

Abgottschlange: Deutsche Bezeichnung für *Boa constrictor*

Adult: erwachsen, geschlechtsreif

Anerythrismus: Fehlen der roten Farbpigmente

Amelanismus: Fehlen der schwarzen Farbpigmente

Archipel: Inselgruppe

Bastard: Mischling, Hybride

Dorsal: am Rücken

Endemisch: für seine Umbebung typisch; nur in einer bestimmten, klar definierten physiogeographischen Umgebung vorkommend

Habitat: charakteristischer Lebensraum einer Tierart

Hemipenes: männliches Geschlechtsorgan bei Riesenschlangen; aufgrund der Y-förmigen Ausläufer des Organs heißt es Penes (Mehrzahl) statt Penis (Einzahl). Der einzelne Ausläufer wird als Hemipenis bezeichnet.

Holotypus: Das Exemplar einer Art oder eines übergeordneten Taxons, welches einer Erstbeschreibung zugrunde liegt

Hybride: Mischling, Bastard

Hypomelanismus: Mangel des schwarzen Pigmentstoffs Melanin.

Juvenil: jugendlich

Kaiserboa: Deutsche Bezeichnung für *Boa c. imperator*

Kordilleren: Spanisch Cordilleras – Gebirgskette. Die Kordilleren bestehen in Südamerika (Anden) aus drei Hauptketten: die Cordillera Occidental (West-Kordillere), die Cordillera Central (Mittel-Kordillere) und die Cordillera Oriental (Ost-Kordillere).

Melanin: schwarzer Farbstoff bei Organismen

Nominatform: Erscheinungsform, die der Namen gebenden Erstbeschreibung zugrunde liegt

Pantanal: Das Pantanal (portugisisch für Sumpf) ist eines der größten Binnenland-Feuchtgebiete der Erde und befindet sich im mittleren Südwesten von Brasilien in den Bundesstaaten Mato Grosso und Mato Grosso do Sul. Kleine Teile des Pantanals reichen noch in den Osten der sich jeweils westlich anschließenden Nachbarstaaten Paraguay und Bolivien.

Regurgitation: Auswürgen der Nahrung

Semiadult: halbwüchsig (halb erwachsen)

Subcaudal: An der Unterseite des Schwanzes gelegen

Subspezies: Unterart

Synonym: Ersatzwort, in diesem Fall ein ungültiger Name einer Art oder Unterart.

Taxon (Plural: Taxa): systematisch benannte Gruppe von Lebewesen

Taxonomie: Teilgebiet der Biologie, das die verwandtschaftlichen Beziehungen von Pflanzen- und Tierarten gegeneinander in einem hierarchischem System erfasst.

Varietäten: Verschiedene Formen von Tieren derselben Unterart

Ventral: bauchseitig bzw. am Bauch gelegen

Literaturverzeichnis

ANDRADE, D. V. & A. SHINYA ABE (1999):
Abnormalities in a litter of *Boa constrictor amarali*. - The Snake 28(1-2): 28-32.

ANDREWS, E. W. (1937):
Notes on snakes from the Yucatan Peninsula. - Zool. Ser. Field Mus. Nat. Hist. 20(25): 355-359.

ARENDT, W. J. & D. ANTHONY (1986):
Bat predation by the St. Lucia Boa (*Boa constrictor orophias*). - Carib. J. Sci. 22(3-4): 219-220.

BARBOUR, T. (1906):
Vertebrata from the Savanna of Panama. – Bull. Mus. Comp. Zool. Harvard University 46(12)

BARBOUR, T. & A. DO AMARAL (1924):
Notes on some South American snakes. - Occ. Pap. Boston Soc. Nat. Hist. 5: 129-132.

BARBOUR, T. & A. LOVERIDGE (1929):
Reptiles and amphibians. Vertebrates from the Corn Islands. – Bull. Mus. Comp. Zool. Harvard University 69: 138-146.

BARKER, D. & T. BARKER (1994):
Boas in the spotlight. - The Vivarium 6(2): 38-41.

BAUCHOT, R. (Hrsg.) (1998):
Schlangen. - Weltbild Verlag, Augsburg.

BOOS, H. E. A. (1992):
A note on the 18.5 ft. *Boa constrictor* from Trinidad. - British Herp. Soc. Bull. 40: 15-17.

BOSCH, H. (1994):
Boa constrictor. - Heselhaus und Schmidt Verlag, Münster.

COBURN, J. (1991):
The atlas of snakes of the world. - T.F.H. Publications, Inc., Neptune City, NJ.

COPE, E. D. (1877): Synopsis of the cold-blooded vertebrata procured by Prof. James Orton in Peru. - Proc. Amer. Phil. Soc. 17: 33-49.

DAUDIN, F. M. (1803): Histoire naturelle, générale et particulière, des reptiles - Dufart, Paris

DE VOSJOLI, P. (1990):
The general care and maintenance of Red-tailed Boas. - Advanced Vivarium Systems, Inc., Santee, Ca.

DE VOSJOLI, P., KLINGENGERG, R. & J. RONNE (1998):
The Boa constrictor manual. - Advanced Vivarium Systems, Inc., Santee, Ca.

DITMARS, R. L. (1910):
Reptiles of the world. - Sir Isaac Pitman & Sons, Ltd., London.

DITMARS, R. L. (1946):
Snakes of the world. - The Macmillan Company, New York.

OLIVER, J. A. (1958):
Snakes in fact and fiction. –
The Macmillan Company, New York.

DREWNOWSKI, G. (1995):
Red-Tailed Boas and other Boa constrictors. - T.F.H. Publications, Inc., Neptune City, NJ.

EVANS, H. (1947): Notes on Panamanian reptiles and amphibians. - Copeia 3: 166-170.

FLORES-VILLELA, O. (1993):
Herpetofauna Mexicana. Annotated list of the species of amphibians and reptiles of Mexico, recent taxonomic changes, and new species. - Carnegie Mus. Nat. Hist., Special Publ. 17: 1-73.

FORCART, L. (1951):
Nomenclature remarks on some generic names of the snake family Boidae. - Herpetologica 7: 197-199.

HENDERSON, R. W. & L.G. HOEVERS (1975):
A checklist and key to the amphibians and reptiles of Belize, Central America. - Milwaukee Publ. Mus. Contrib. Biol. Geol. 5: 1-63.

JOY, W. D. (1992):
World record *Boa constrictor* "discovered". - Notes from NOAH 19(10): 21.

KÖHLER, G. (1996):
Notes on a collection of reptiles from El Salvador collected between 1951 and 1956. – Senckenberg. Biol. 76(1/2) : 29-38.

KORNACKER, P. M. (1999):
Checklist and key to the snakes of Venezuela. - Pako-Verlag, Rheinbach.
KUNDERT, F. (1984):
Das neue Schlangenbuch. - Albert Müller Verlag AG, Rüschlikon-Zürich.
LANGHAMMER, J. K. (1983):
A new subspecies of *Boa constrictor*, *Boa constrictor melanogaster*, from Ecuador (Sepentes: Boidae). – Trop. Fish Hobby. 32(4): 70-79.
LAZELL, J. D. (1964):
The Lesser Antillean representatives of Bothrops and Constrictor. – Bull. Mus. Comp. Zool. Harvard University 132(3): 245-273.
LINNAEUS, C. (1758):
Systema naturae, Ed. X, Tomus I, p. 215
MEHRTENS, J. M. (1987):
Living snakes of the world in color. - Sterling Publishing Co., Inc., New York.
O'SHEA, M. (1989):
Not quite the Orinoco Flow or "Where is Hog Island?". - Snake Keeper 3(8): 4-5.
PETERS, J. A. (1957):
Taxonomic notes on Ecuadorian snakes in the American Museum of Natural History. - Am. Mus. Novit. 1851: 1-13.
PRICE, R. M. & P. RUSSO (1991):
Revisionary comments on the genus Boa with the description of a new subspecies of *Boa constrictor* from Peru. - The Snake 23: 29-35.
REICHLING, S. B. (1991):
The serpents of St. Lucia, *Bothrops carribae* and *Boa constrictor orophias*. - The Vivarium 3(3): 7-9.
RUSSO, V. (2004):
Dwarf Boas. - Reptiles Magazine 12(4): 44-59.
STEJNEGER, L. (1899):
Reptiles of the Tres Marias and Isabel Islands. – N. Amer. Fauna 14: 63-71.
STULL, O. G. (1932):
Five new subspecies of the family Boidae. - Occ. Pap. Boston Soc. Nat. Hist. 8: 25-30.
STULL, O. G. (1935):
A checklist of the family Boidae. - Proc. Boston Soc. Nat. Hist. 40(8): 387-408.
TRUTNAU, L. (1988):
Schlangen 1. - Ulmer Verlag, Stuttgart.
VILLA, J. (1972):
Snakes of the Corn Islands. Caribbean Nicaragua. - Brenesia 1: 14-18.
WENGLER, W. (1994):
Riesenschlangen. - Heselhaus und Schmidt Verlag, Münster.
WILSON, L. D. & G. CRUZ (1993):
The herpetofauna of the Cayos Cochinos, Honduras. - Herpetol. Nat. Hist. 1(1): 13-23.
WILSON, L. D. & D. E. HAHN (1973):
The herpetofauna of the Islas de la Bahia, Honduras. - Bull. Florida State Mus. Biol. Sci. 17(2): 93-150.
ZWEIFEL, R. G. (1980): Results of the Puritan-American Museum of Natural History Expedition to western Mexico. Herpetology of the Tres Marias Islands. - Bull. Amer. Mus. Nat. Hist. 119: 77-128.
BUNDESAMT FÜR NATURSCHUTZ (1996 – 2004):
WA-Datenbank VIA des Bundesamtes für Naturschutz.

Internetseiten:
http://riobravoreptiles.com
http://www.cuttingedgeherp.com
http://www.sos-kinderdoerfer.de
http://de.wikipedia.org
http://www.boa-subspecies.com

Weitere empfehlenswerte Literatur zum Thema Abgottschlangen:

Boa constrictor
Biologie, Pflege, Zucht, Erkrankungen
Von: Ondřej Hes, Zdeněk Duda, Jan Hnízdo, Nikola Pantchev, Jana Bulantová und Vladimír Vrabec
Ca. 250 Seiten, zahlreiche Farbfotos erschienen im Herpeton Verlag
ISBN 3-936180-21-0